Descubra Juegos Gratis Online

Disponibles Aquí:

BestActivityBooks.com/FREEGAMES

5 CONSEJOS PARA EMPEZAR

1) CÓMO RESOLVER LAS SOPA DE LETRAS

Los rompecabezas tienen un formato clásico:

- Las palabras se ocultan sin espacios ni guiones,...
- Orientación: Las palabras pueden escribirse hacia delante, hacia atrás, hacia arriba, hacia abajo o en diagonal (pueden estar invertidas).
- Las palabras pueden superponerse o cruzarse.

2) APRENDIZAJE ACTIVO

Junto a cada palabra hay un espacio para anotar la traducción. Para fomentar un aprendizaje activo, un **DICCIONARIO** al final de esta edición te permitirá comprobar y ampliar tus conocimientos. Busca y anota las traducciones, encuéntralas en el puzzle y añádelas a tu vocabulario!

3) MARCAR LAS PALABRAS

Puedes inventar tu propio sistema de marcado. ¿Quizás ya usas uno? También puedes, por ejemplo, marcar las palabras difíciles de encontrar con una cruz, las que te gustan con una estrella, las nuevas con un triángulo, las raras con un diamante, etc.

4) ESTRUCTURAR EL APRENDIZAJE

Esta edición ofrece un **CUADERNO DE NOTAS** muy práctico al final del libro. En vacaciones, de viaje o en casa, podrás organizar fácilmente tus nuevos conocimientos sin necesidad de un segundo cuaderno!

5) ¿HABÉIS TERMINADO TODAS LAS PARRILLAS?

En las últimas páginas de este libro, en la sección **DESAFÍO FINAL**, encontrarás un juego gratis!

¡Rápido y sencillo! Echa un vistazo a nuestra colección de libros de actividades para tu próximo momento de diversión y aprendizaje, ¡a sólo un clic de distancia!

Encuentre su próximo reto en:

BestActivityBooks.com/MiProximoLibro

En sus marcas, listos, ¡Ya!

¿Sabías que hay unas 7.000 lenguas diferentes en el mundo? Las palabras son preciosas.

Nos encantan los idiomas y hemos trabajado duro para crear libros de la más alta calidad para tí. ¿Nuestros ingredientes?

Una selección de temas adecuados para el aprendizaje, tres buenas porciones de entretenimiento, y luego añadimos una cucharada de palabras difíciles y una pizca de palabras raras. Los servimos con cariño y máxima diversión para que puedas resolver los mejores juegos de palabras y te diviertas aprendiendo!

Tu opinión es esencial. Puedes participar activamente en el éxito de este libro dejándonos un comentario. Nos encantaría saber qué es lo que más le ha gustado de esta edición.

Aquí hay un enlace rápido a tu página de pedidos:

BestBooksActivity.com/Opiniones50

Gracias por tu ayuda y diviértete!

Todo el equipo

1 - Agua

```
I  K  T  U  Š  V  P  Y  И  A  D  M  A  A  C
S  Y  A  E  V  L  A  N  A  K  M  N  E  M  F
P  K  G  J  T  A  V  A  L  P  O  P  J  G  T
A  I  M  J  I  Ž  B  И  V  L  A  Ž  N  E  A
R  Š  B  F  O  N  P  I  T  K  E  A  A  N  L
A  E  G  I  K  O  M  O  N  S  U  N  V  S  A
V  K  V  U  E  S  J  E  Z  E  R  O  A  V  S
A  E  J  U  A  T  P  P  U  A  N  Z  J  N  A
N  R  R  Z  N  I  И  R  G  A  R  I  N  M  L
J  A  U  F  A  B  M  C  U  A  I  M  D  F  E
A  O  G  V  K  B  A  P  G  U  Z  S  O  S  D
C  B  И  A  A  K  E  Y  Y  И  J  И  V  O  I
N  B  B  D  R  Y  J  B  J  P  E  R  A  P  D
F  B  I  Z  V  U  Y  V  T  И  G  V  N  N  P
V  Z  R  F  D  V  E  Y  H  I  Z  I  A  E  A
```

KANAL

TUŠ

ISPARAVANJA

GEJZIR

MRAZ

LED

VLAŽNOSTI

URAGAN

VLAŽNE

POPLAVA

JEZERO

KIŠE

MONSUN

SNEG

OKEANA

TALASA

PITKE

NAVODNJAVANJE

REKE

PARE

2 - Arqueología

```
I  D  S  O  P  N  E  P  O  Z  N  A  T  T  J
D  O  P  O  H  R  E  K  S  P  E  R  T  O  P
A  E  R  E  R  P  O  I  V  A  R  O  B  A  Z
C  N  B  S  A  L  P  F  N  U  И  P  V  P  Y
M  I  T  A  M  H  G  J  E  T  K  E  J  B  O
P  D  V  M  M  U  M  G  K  S  C  U  K  R  S
O  O  F  I  I  T  V  R  I  K  O  L  P  E  K
T  G  T  E  L  S  H  И  T  R  G  R  R  L  O
O  Z  I  И  H  I  T  P  N  A  N  R  O  I  S
M  F  O  S  I  L  Z  E  A  Y  P  T  C  K  T
A  B  Č  A  V  I  Ž  A  R  T  S  I  E  V  I
K  K  H  K  L  P  S  N  C  I  G  Z  N  I  A
A  N  A  L  I  Z  A  H  S  I  J  A  A  J  N
G  R  O  B  N  I  C  A  H  P  J  A  K  A  P
K  I  P  A  Y  V  И  Z  D  C  R  E  L  P  P
```

ANALIZA	FOSIL
ANTIKE	KOSTI
GODINE	ISTRAŽIVAČ
CIVILIZACIJE	MISTERIJA
POTOMAK	OBJEKTE
NEPOZNAT	ZABORAVIO
TIM	PROFESOR
ERE	RELIKVIJA
PROCENA	HRAM
EKSPERT	GROBNICA

3 - Granja #2

```
N  J  R  N  N  Ž  F  P  G  G  Z  E  P  U  R
A  F  E  Ć  O  V  I  N  K  P  U  U  O  R  B
V  A  C  Č  Y  K  U  V  R  A  A  O  T  K  E
O  R  I  K  A  J  N  Ć  O  V  B  J  P  H  F
D  M  N  A  A  M  P  S  T  T  P  A  T  K  A
N  E  E  J  N  G  A  J  K  E  I  C  P  D  P
J  R  Š  O  A  L  Y  H  A  C  I  N  Š  O  K
A  H  P  U  B  C  F  K  R  S  I  E  J  R  O
V  R  P  A  S  T  I  R  T  L  N  F  U  E  V
A  A  M  K  U  K  U  R  U  Z  I  Z  B  K  C
N  N  L  L  A  M  E  H  Z  A  C  V  G  R  E
J  A  E  A  A  M  J  C  D  M  O  O  A  U  E
E  K  K  E  M  S  M  И  C  B  G  И  L  D  B
B  R  A  P  O  V  R  Ć  A  A  V  Z  F  S  A
C  B  L  F  N  P  E  C  F  R  O  J  A  P  K
```

FARMER	LAME
ŽIVOTINJE	KUKURUZ
JEČAM	OVCE
KOŠNICA	PASTIR
HRANA	PATKA
JAGNJE	LIVADA
VOĆE	NAVODNJAVANJE
AMBAR	TRAKTOR
VOĆNJAK	PŠENICE
MLEKA	POVRĆA

4 - La Empresa

```
R M K P R C N U N P D P J C K
M O C R I A K U L D O M I N V
R G K I Z G H C V Y S S S Z A
K U G H I V T L V F K T A P L
R Ć L O C T R E N D O V E O I
E N O D I P R O I Z V O D I T
A O B I N O V A T I V N E O E
T S A J I C A T N E Z E R P T
I T L J E D I N I C E D N C Z
V I N L A N O I S E F O R P U
N D O R E S U R S E D J G D G
E H P I N D U S T R I J A N L
A R N A P R E D A K I Y Z T E
I I N V E S T I C I J A P L D
C Z U Z A P O S L E N J E L I
```

KVALITET
KREATIVNE
ODLUKA
ZAPOSLENJE
GLOBALNO
INDUSTRIJA
PRIHOD
INOVATIVNE
INVESTICIJA
POSAO

MOGUĆNOST
PREZENTACIJA
PROIZVOD
PROFESIONALNI
NAPREDAK
RESURSE
UGLED
RIZICI
TRENDOVE
JEDINICE

5 - Aviones

```
D P G O R I V O M J R S H M C
P S R V O D O N I K A U A H A
A I A O N O H V U C V A R P T
I O L R P P A D A N A P V P M
B S H O C E R J C G N V I O O
A D T T T C L V N P T I S S S
L I R O N Z S E U U U S I A F
O Z J M R R C Z R T R I N D E
N A P A H I R M N A A N A E R
V J P K L A J P E L T U E K A
N J Z T O D A B V A Z D U H
S L E T A N J A O I B J P M Y
K O N S T R U K C I J A L N G
V N T U R B U L E N C I J E M
O E C D P E E H P U T N I K T
```

VAZDUH	DIZAJN
VISINU	BALON
VISINA	PROPELERA
SLETANJA	VODONIK
ATMOSFERA	ISTORIJA
AVANTURA	MOTOR
NEBO	PUTNIK
GORIVO	PILOT
KONSTRUKCIJA	POSADE
PRAVCU	TURBULENCIJE

6 - Tipos de Cabello

```
S  J  A  J  N  A  Y  E  M  S  T  A  Y  P  I
Z  Y  A  Z  O  R  H  D  L  D  C  V  D  L  A
T  D  K  E  R  И  C  I  Z  I  V  A  K  E  M
P  A  R  J  O  A  T  S  A  S  A  L  A  T  J
Y  A  N  A  F  J  O  D  U  P  И  P  T  E  S
O  G  A  A  V  И  K  K  Z  J  И  D  A  N  U
V  H  A  C  K  N  E  O  L  S  L  V  R  I  V
L  C  P  A  B  O  И  V  B  I  H  Y  K  I  A
C  D  E  B  E  O  B  R  J  V  A  L  E  Ć  T
O  R  B  E  R  S  R  D  P  A  B  E  O  B  N
V  И  N  Y  Y  K  A  Ž  A  U  M  N  G  O  O
E  E  T  A  C  M  O  A  И  U  Z  K  U  I  B
Y  S  A  U  A  R  N  V  D  Z  U  O  D  S  K
И  P  B  A  L  G  G  A  T  B  T  L  G  U  P
P  L  E  T  E  N  I  C  E  H  J  R  K  B  S
```

BEO	TALASASTA
SJAJNA	SREBRO
ĆELAV	KOVRDŽAVA
KRATAK	LOKNE
TANAK	PLAVA
SIVA	ZDRAV
DEBEO	SUVA
DUGO	MEKA
BRAON	PLETENI
CRNA	PLETENICE

7 - Ciencia Ficción

```
P  E  B  Y  A  T  O  B  O  R  T  T  B  E  P
T  O  P  F  F  E  P  J  I  A  D  A  C  J  R
A  Ž  N  H  H  G  И  A  O  K  T  D  I  O
J  R  I  A  E  N  M  E  R  T  S  K  E  Z  R
A  J  L  Č  R  O  J  H  U  И  И  K  B  O  O
N  G  U  I  I  L  D  Z  J  K  R  S  O  L  Č
S  A  Z  T  M  O  A  T  O  M  S  K  E  P  I
T  L  I  S  A  G  K  N  J  I  G  E  T  S  Š
V  A  J  A  G  I  D  G  И  V  S  S  E  K  T
E  K  E  T  I  J  R  A  H  P  И  B  N  E  E
N  S  G  N  N  A  E  I  L  D  B  P  A  I  P
A  I  T  A  A  M  A  P  E  E  D  U  L  C  D
И  J  И  F  R  M  L  F  E  O  K  A  P  M  J
N  A  F  U  N  U  N  F  S  U  G  O  H  C  U
S  V  E  T  E  A  O  O  R  E  U  Z  J  S  U
```

ATOMSKE	IMAGINARNE
BIOSKOP	KNJIGE
DALEKOJ	TAJANSTVEN
EKSPLOZIJE	SVET
EKSTREMNE	PROROČIŠTE
FANTASTIČAN	PLANETE
POŽAR	REALNO
GALAKSIJA	ROBOTA
ILUZIJE	TEHNOLOGIJA

8 - Granja #1

```
A K O D E M O Z O L J K S Y O
N P A H D L D И P T S Y L Z L
B Z L Č E L E J L O P J R G G
H A N A R V A T Z E M L J A A
B D И N V M O J C M T E N M V
A O I I I S A P Č E L A O O J
B V R R R C M G O S T Z K F D
P F A I P H G C A O G R A D E
S B J P O N E S P R K N C B P
M V E A J N M B E N A S V H A
P A S K L H S L И E И C N S D
F S H Č O L Y P F P V V C И И
A T G A P Z S P I L E J T Z L
U D H M F E A V A R K S H Z B
P B M S Đ U B R I V A L Y G G
```

PČELA   MAČKA
POLJOPRIVREDE   SENO
VODA   MED
PIRINAČ   PAS
MAGARAC   PILE
KONJ   SEME
KOZA   TELE
POLJE   ZEMLJA
VRANA   KRAVA
ĐUBRIVA   OGRADE

9 - Camping

```
P  A  M  U  Š  P  K  Z  K  I  P  J  R  B  Y
O  R  И  V  O  A  S  Z  O  N  M  G  A  U
P  U  I  L  B  Ž  B  V  J  C  N  S  И  M  H
R  T  K  R  G  A  I  S  S  K  Z  O  E  V  B
E  N  K  I  O  R  N  J  E  P  G  D  P  K  H
M  A  A  Š  D  D  E  K  O  M  P  A  S  A  T
A  V  N  E  H  Z  A  Ć  E  V  R  D  A  P  C
Ć  A  U  Š  И  H  D  J  J  L  G  И  P  A  G
E  P  O  F  L  B  F  E  N  J  E  R  N  M  Z
S  P  L  H  S  B  T  M  I  A  D  I  Y  O  M
I  A  O  F  P  M  Y  C  T  A  Z  I  G  T  M
V  D  V  J  T  Y  N  P  O  G  И  C  E  I  E
P  L  A  N  I  N  E  R  V  H  Z  Y  P  Z  S
H  A  S  G  P  L  P  И  I  A  P  H  C  L  E
J  E  Z  E  R  O  U  J  Ž  U  U  G  V  A  C
```

ŽIVOTINJE
AVANTURA
DRVEĆA
ŠUMA
KOMPAS
KABINE
KANU
LOV
KONOPAC
OPREMA

POŽAR
VISEĆA
INSEKT
JEZERO
FENJER
MESEC
MAPA
PLANINE
PRIRODA
ŠEŠIR

10 - Fruta

```
N B N Y K Y Z R A U D K C B M
U E N Z T Z A B C V H R M F V
M J K U L U N B A N S U A D P
I I O T A U D C E N H Š L I S
L S O M A L P B E R N K I N E
L J J V A R R H F A R E N J G
V A E U I V I K F E U I E A M
I K M H G A O N B R E S K V E
Š B Z P J S M K A M Z K H M D
N A K U B A J N A Đ Ž O R G S
J N L O G N A M B D J K L U V
E A J A P A P V Z J O O V R O
F N C O P N K Z R R S G B P
H E K N K A D G R K H M Y I P
P O M O R A N D Ž A Y A V I S
```

AVOKADO
KAJSIJE
BERRI
VIŠNJE
PLAM
KOKOS
MALINE
KIVI
LIMUN
MANGO

JABUKA
BRESKVE
DINJA
POMORANDŽA
NEKTARINA
PAPAJA
KRUŠKE
ANANAS
BANANE
GROŽĐA

11 - Geología

```
T  C  C  U  T  B  H  И  R  I  Z  J  E  G  F
A  O  G  N  A  S  S  V  K  I  M  S  R  I  O
J  И  И  A  H  P  A  C  B  A  H  D  O  S  S
K  A  I  G  S  G  L  И  B  N  Y  M  Z  K  I
S  A  Z  E  M  L  J  O  T  R  E  S  I  O  L
T  L  L  G  Y  B  A  T  G  E  K  D  J  N  U
A  A  D  C  P  A  Z  R  G  V  A  A  E  T  K
L  T  U  P  I  P  F  S  O  A  M  P  M  I  I
A  S  K  G  H  J  T  P  J  K  E  L  I  N  S
K  I  V  A  O  O  U  И  D  A  N  A  N  E  E
T  R  A  L  Z  L  Z  M  O  F  A  T  E  N  L
I  K  R  J  A  S  H  F  P  O  K  O  R  T  I
T  Y  C  V  S  V  O  I  D  И  L  V  A  P  N
I  P  M  U  H  B  A  P  T  N  U  O  L  R  E
S  T  A  L  A  G  M  I  T  A  V  G  A  H  F
```

KISELINE	STALAGMITA
KALCIJUM	FOSIL
SLOJ	GEJZIR
KAVERNA	LAVA
KONTINENT	PLATO
KORAL	MINERALA
KRISTALA	KAMEN
KVARC	SO
EROZIJE	ZEMLJOTRES
STALAKTIT	VULKAN

12 - Álgebra

```
B  R  O  J  O  E  N  Ž  A  L  F  V  V  K  V
J  N  U  L  A  D  K  E  S  D  O  L  F  O  Z
E  O  O  P  A  K  U  S  J  B  G  И  R  L  H
D  A  H  F  C  V  N  Z  P  T  I  U  M  I  Y
N  N  A  J  U  G  J  Z  I  O  K  C  R  Č  A
A  G  Z  F  L  G  N  Y  Š  M  N  I  A  I  A
Č  A  C  V  R  E  M  L  E  P  A  E  A  N  D
I  P  K  J  A  A  N  P  R  K  A  N  N  A  I
N  A  N  J  A  R  K  S  E  B  B  F  J  T  J
A  P  C  N  I  H  A  C  I  R  T  A  M  E  A
R  E  Š  E  N  J  E  U  I  M  A  K  N  O  G
F  O  R  M  U  L  U  O  L  J  A  T  N  A  R
Z  A  G  R  A  D  A  F  S  И  A  O  E  C  A
P  R  O  B  L  E  M  P  P  K  E  R  Z  I  M
L  I  N  E  A  R  N  E  U  K  P  J  I  Z  D
```

KOLIČINA	BESKRAJNA
NULA	LINEARNE
DIJAGRAM	MATRICA
ODSEK	BROJ
JEDNAČINA	ZAGRADA
EKSPONENT	PROBLEM
FAKTOR	REŠI
LAŽNE	ODUZIMANJE
FORMULU	REŠENJE
FRAKCIJA	

13 - Plantas

```
D  K  B  T  T  I  P  I  T  Z  M  B  B  A  H
B  R  U  O  L  I  S  T  L  И  A  R  A  F  L
T  E  V  C  T  T  R  И  U  U  V  Š  M  S  E
K  Ć  R  K  A  A  M  U  Š  A  Z  L  B  R  T
A  Š  S  R  V  N  N  E  R  O  K  J  U  P  R
K  I  P  O  I  I  H  I  Z  K  B  A  S  C  A
T  L  D  R  R  V  A  И  K  R  O  N  Y  M  V
U  L  R  N  B  O  B  T  Y  E  R  O  L  F  A
S  E  V  R  U  H  N  C  L  M  P  Y  И  Z  T
K  T  O  A  Đ  A  И  U  И  A  Z  R  F  M  Š
P  I  C  B  R  M  R  G  A  O  T  R  S  P  A
V  E  G  E  T  A  C  I  J  E  Y  I  H  J  B
J  L  И  R  F  E  R  I  I  F  O  J  C  И  H
P  A  S  U  L  J  B  Z  K  H  K  R  O  A  V
C  G  И  U  C  T  Y  G  Y  G  N  U  B  M  И
```

GRM	LIŠĆE
DRVO	PASULJ
BAMBUS	BRŠLJAN
BERRI	TRAVA
ŠUMA	LIST
BOTANIKE	BAŠTA
KAKTUS	MAHOVINA
ĐUBRIVA	LATICA
CVET	KOREN
FLORE	VEGETACIJE

14 - Suministros de Arte

```
E  I  A  K  L  I  R  K  A  L  G  U  K  U  И
C  A  K  O  I  U  D  N  O  B  U  G  L  I  S
T  K  A  P  E  L  V  E  B  L  M  A  E  A  T
G  H  M  L  J  C  M  A  J  C  I  L  J  Y  O
Z  D  E  J  L  U  P  C  F  E  C  J  И  R  L
A  D  R  T  S  O  N  V  I  T  A  E  R  K  I
И  E  A  V  H  G  T  N  L  N  R  K  I  A  C
P  A  S  T  E  L  A  S  E  Z  R  V  P  L  A
K  U  N  Y  T  I  C  S  R  E  G  O  A  A  C
V  J  И  O  L  I  T  S  A  M  A  L  P  T  I
F  O  E  B  O  J  E  P  V  J  R  O  F  S  D
T  R  D  U  T  H  K  H  K  N  P  N  S  H  Z
F  V  S  A  C  O  T  D  A  A  L  A  P  Y  R
B  I  D  И  F  И  E  K  K  F  J  G  U  V  A
S  A  K  T  E  R  Č  B  M  S  A  E  D  T  F
```

ULJE	BOJE
AKRIL	KREATIVNOST
AKVARELI	IDEJE
VODA	OLOVKE
KLEJ	STO
GUMICA	PAPIR
STALAK	PASTELA
UGALJ	LEPAK
KAMERA	STOLICA
ČETKE	MASTILO

15 - Negocio

```
D K Z T K H I A J A D O R P S
F A A R O D N S P P C A V O N
I R P A M A B U D Ž E T R S U
N I O N P B S U B A N S O L P
A J S S A D S O M G D L B O U
N E L A N P A N P V A E E D C
S R E K I O J N E K I R B A F
I A N C J P L L T R E D S V J
J G O I A U K R U E S C Z C K
A B G J V S F K L U J N D A R
F E P E C T A Z A T R O Š K A
A J I C I T S E V N I O E S E
K S Y I E J I R A L E C N A K
M P V E J I M O N O K E K R F
B G O D S I O P O Y R I L H U
```

KARIJERA
TROŠKA
POPUST
NOVAC
EKONOMIJE
ZAPOSLENOG
POSLODAVCA
KOMPANIJA
FABRIKE
FINANSIJA

POREZ
INVESTICIJA
ROBE
VALUTE
KANCELARIJE
BUDŽET
RADNJU
POSAO
TRANSAKCIJE
PRODAJA

16 - Jardín

```
D P T C L L N G D C B A И Z G
H R O U O P Y B A S A R E T R
A И V A P G V C N R F L S J A
N I H O A S R D P K A R J E B
E I T J T K И M P H C Ž Z Z L
F A O T A O E K O R O V A E J
V I S E Ć A V A R T P T E R E
L K B V B A Š T A Z И K A U P
R D C C U N I F F E D A R G O
T R A M P O L I N M E R T S Y
C R P B C T P E L N C O P Y
P P U L P Z E K A J N V A R T
H B L T C R E V O A T R L N B
T B K A J N Ć O V J A S A M D
Y R G R O G J H N D Z C J C G
```

GRM	BAŠTA
DRVO	KOROV
KLUPA	CREVO
TRAVNJAK	LOPATA
JEZERU	TREM
CVET	GRABLJE
GARAŽA	ZEMLJA
VISEĆA	TERASA
TRAVA	TRAMPOLIN
VOĆNJAK	OGRADE

17 - Países #2

```
A U S T R I J A D G И P И O E
O L A R P G G B P C И O D K N
P V S P O R T U G A L K E I Z
E N O S D F D A N S K A B S B
T J A M A J K A N I J A R K U
I F L P E O P K S I R I J E A
O R C И A G A S R U A I U M L
P A F B J J K R O U F P S I B
I N Y Y U T I I Z J S G V Z A
J C B J H L S F R P E I K D N
E U И F P G T C U L P G J A I
K S P I D N A G U S Z O V A J
Č K C И И R N A D U S Y И I A
R E A U S T R A L I J A U I T
G I N D O N E Z I J A B M I A
```

ALBANIJA
AUSTRALIJA
AUSTRIJA
DANSKA
ETIOPIJE
FRANCUSKE
GRČKE
INDONEZIJA
IRSKA
JAMAJKA

JAPAN
LAOS
MEKSIKO
PAKISTAN
PORTUGAL
RUSIJA
SIRIJE
SUDAN
UKRAJINA
UGANDI

18 - Números

```
A  B  M  S  S  E  D  A  M  N  A  E  S  T  A
T  A  H  E  N  L  A  M  I  C  E  D  K  S  K
I  C  U  D  D  V  A  N  A  E  S  T  C  E  И
M  S  Z  A  C  R  L  S  Y  B  F  E  K  A  H
Č  P  A  M  O  L  U  Y  L  S  A  S  H  N  D
C  E  O  S  A  M  N  A  E  S  T  E  P  T  C
D  Z  T  T  R  I  Š  Z  P  M  S  D  G  E  C
Š  O  И  R  И  T  E  S  E  D  A  V  D  P  O
P  E  P  F  N  P  S  M  O  Č  E  T  I  R  I
D  J  S  И  S  A  T  T  S  E  A  N  I  R  T
N  V  P  N  B  Z  E  I  A  D  V  A  B  R  U
P  N  L  R  A  H  S  S  M  A  Y  L  M  I  O
L  T  V  T  S  E  A  N  T  E  V  E  D  A  B
A  C  P  G  V  S  S  Y  Z  R  M  L  C  H  I
A  M  Z  Y  D  U  E  T  D  E  V  E  T  T  E
```

ČETRNAEST	DVANAEST
NULA	DVA
PET	DEVET
ČETIRI	OSAM
DECIMALNE	PETNAEST
DEVETNAEST	ŠEST
OSAMNAEST	SEDAM
ŠESNAEST	TRINAEST
SEDAMNAEST	TRI
DESET	DVADESET

19 - Física

```
U  B  R  Z  A  N  J  E  H  E  E  U  U  B  P
F  F  B  R  Z  I  N  E  E  G  V  G  N  O  V
R  R  O  T  O  M  S  E  M  D  D  R  I  F  I
E  A  E  R  H  A  O  S  I  V  Y  A  V  Y  I
L  V  V  K  M  F  V  И  J  E  И  V  E  L  L
A  M  G  I  V  U  E  E  S  I  L  I  R  M  P
T  A  E  G  M  E  L  T  K  F  E  T  Z  A  T
I  G  I  V  M  N  N  U  E  B  A  A  A  M  N
V  N  G  A  S  R  E  C  H  E  T  C  L  E  U
N  E  V  C  O  A  D  Z  I  F  O  I  N  H  Z
O  T  C  I  B  E  U  L  V  J  M  J  A  A  M
S  I  A  T  N  L  L  N  H  A  A  E  F  N  A
T  Z  O  S  B  K  M  O  L  E  K  U  L  I  S
A  A  E  E  U  U  G  U  S  T  I  N  E  K  E
C  M  K  Č  U  N  O  R  T  K  E  L  E  E  O
```

UBRZANJE
ATOM
HAOS
GUSTINE
ELEKTRON
FORMULU
FREKVENCIJA
GAS
GRAVITACIJE
MAGNETIZAM

MASE
MEHANIKE
MOLEKUL
MOTOR
NUKLEARNE
ČESTICA
HEMIJSKE
RELATIVNOST
UNIVERZALNA
BRZINE

20 - Belleza

```
C  K  И  A  O  A  O  Š  B  O  J  A  I  F  S
G  E  G  U  L  S  U  M  A  J  L  U  U  O  И
M  L  P  O  J  A  B  A  R  M  C  M  E  T  O
I  E  O  C  A  Y  R  K  A  V  P  B  I  O  G
R  G  A  A  E  P  A  A  K  M  H  O  E  G  L
I  A  I  S  H  I  A  Z  S  T  D  L  N  E  E
S  N  И  J  T  N  I  E  A  S  F  P  K  N  D
S  C  A  E  A  I  C  Y  M  E  D  R  O  I  A
И  I  A  R  A  A  L  Z  K  J  T  O  L  И  L
K  J  I  G  O  V  Š  I  P  И  B  I  Š  A  O
O  U  E  S  I  E  A  C  S  N  F  Z  M  N  D
Ž  U  R  P  H  C  R  N  E  T  S  V  I  V  A
A  O  L  Y  M  E  M  H  T  И  A  O  N  G  P
E  L  E  G  A  N  T  A  N  U  B  D  K  E  B
K  O  Z  M  E  T  I  K  A  A  F  I  A  E  I
```

ULJA	MIRIS
ŠAMPON	GREJS
BOJA	ŠMINKA
KOZMETIKA	KOŽA
ELEGANCIJU	RUŽ
ELEGANTAN	PROIZVODI
ŠARM	LOKNE
OGLEDALO	MASKARA
STILISTA	USLUGE
FOTOGENИAN	MAKAZE

21 - Países #1

```
Š P A N I J A B M U N N B E N
R R M B H G H U A S O I R K D
L A A P P I J A R T R K A V E
B И N H I P A I O T V A Z A S
Z O A R J U P J K L E R I D И
L P P B H O P И O V Š A L O I
I L B A K S J L O P K G O R N
N D E G I P A T I S A V G A I
B E L G I J I R И T P A P Z P
I N D I J A L G U D A M A L I
N E M A Č K A I L D Z L V K L
N I O A A B L E B V N И I C I
A R G E N T I N A I G O Y J F
V E N E C U E L A O J C H H A
L R K M B V F U T A D A N A K
```

NEMAČKA
ARGENTINA
BELGIJI
BRAZIL
KANADA
EKVADOR
EGIPAT
ŠPANIJA
FILIPINI
HONDURAS

INDIJA
ITALIJA
LIBIJA
MALI
MAROKO
NIKARAGVA
NORVEŠKA
PANAMA
POLJSKA
VENECUELA

22 - Mitología

```
N  N  И  S  N  I  D  K  A  T  A  J  S  M  T
E  E  T  Š  I  V  O  D  U  Č  U  H  A  E  P
B  J  S  V  P  F  V  P  И  L  J  G  J  J  D
E  N  M  G  N  L  I  M  G  B  T  J  N  N  S
S  E  R  P  J  L  H  R  U  B  R  U  E  A  И
A  R  T  F  T  I  Y  K  I  N  T  A  R  R  L
F  O  N  L  E  G  E  N  D  A  J  T  E  A  A
A  V  I  D  E  N  A  T  I  Z  O  E  V  V  V
L  T  P  R  D  L  R  A  E  R  R  V  U  T  I
P  S  P  H  Y  K  I  S  R  O  E  S  L  S  R
L  J  U  B  O  M  O  R  E  H  H  O  D  N  I
G  R  M  L  J  A  V  I  N  A  E  P  O  A  N
K  A  T  A  S  T  R  O  F  E  M  T  V  G  T
B  E  S  M  R  T  N  O  S  T  F  O  I  E  U
Y  P  O  N  A  Š  A  N  J  E  G  Z  I  P  P
```

ARHETIP	RATNIK
LJUBOMORE	HEROJ
NEBESA	BESMRTNOST
PONAŠANJE	LAVIRINT
STVARANJE	LEGENDA
UVERENJA	ČUDOVIŠTE
STVORENJE	SMRTNI
KULTURA	MUNJE
KATASTROFE	GRMLJAVINA
SNAGE	OSVETA

23 - Ecología

```
P R I R O D A R E S U R S E F
V D B V E G E T A C I J E R L
Y U D A T O Š H V F T O C A O
M H Y S S O U F U V O S I Z R
O O K H R G S D Z A A M N N E
P P Č A V Y O A H M V Y D O K
S R S V R A Z L I Č I T E L J
T C I T A M I L K E Ž J J I L
A E A R A R S R S B R A A K I
N I И Z O N A D R E D I Z O B
I I B H D D A Y O G O F O S K
Š I A N R V N K M И H N R T A
T R C P O V A O N L A B O L G
E N U A F C E И Z H A M B N И
S E P E V O L O N T E R A S A
```

KLIMA	PRIRODA
ZAJEDNICE	MOČVARA
RAZNOLIKOST	BILJKE
VRSTE	RESURSE
FAUNE	SUŠE
FLORE	ODRŽIV
GLOBALNO	OPSTANAK
STANIŠTE	RAZLIČITE
MORSKIH	VEGETACIJE
PRIRODNO	VOLONTERA

24 - Casa

```
O И A B И E C S P A R A G S J
H G K F I K U H I N J A A O M
G V R G P B V R A T A L R B L
B O L A D E L G O T T T A I S
H R J P D I Z I Z Y Š E Ž U E
I K T A Š E R J O V A M A U Y
P O D R U M C U E T B D A L L
E T H O T A N F И P E F R O Z
T F P Z L G P N I M A K Z P И
B P Y O E L A O D M P И E L Y
V D B R K Z V L D P M S V H R
M L O P И E F M U N A V A T I
V R C P B D D S A L L E A J H
S L P U E P K I D U F E L Y M
I O L Z J U U И S L A V I N A
```

TEPIH	SLAVINA
TAVANU	BAŠTA
BIBLIOTEKE	LAMPA
KAMIN	ZID
KUHINJA	POD
SOBI	VRATA
TUŠ	PODRUM
METLA	KROV
OGLEDALO	OGRADE
GARAŽA	PROZOR

25 - Artes Visuales

```
U  L  K  O  K  I  N  T  E  M  U  U  D  P  И
T  K  R  L  S  R  S  K  U  L  P  T  U  R  E
Z  J  E  O  A  Z  E  K  I  M  A  R  E  K  A
F  A  D  V  S  I  N  A  T  S  F  G  V  F  U
S  O  E  K  T  O  I  L  T  I  F  O  O  O  G
L  R  T  A  A  N  L  D  G  I  U  L  Z  O  A
I  C  E  O  V  E  G  P  F  E  V  И  R  S  L
K  A  R  M  G  S  S  N  F  L  N  N  I  A  J
A  C  T  D  E  R  D  И  I  U  U  O  O  L  C
R  E  R  E  T  K  A  G  L  E  J  L  H  S  H
S  A  O  F  V  D  D  F  M  U  Z  B  M  C  T
T  U  P  E  O  И  E  E  I  K  D  A  K  T  D
V  И  S  T  A  L  A  K  L  J  A  Š  И  D  Z
O  V  O  S  A  K  T  И  L  O  A  M  A  F  И
P  E  R  S  P  E  K  T  I  V  E  И  B  E  R
```

GLINE	FOTOGRAFIJA
UMETNIK	OLOVKA
LAK	REMEK-DELO
STALAK	FILM
UGALJ	PERSPEKTIVE
VOSAK	SLIKARSTVO
KERAMIKE	ŠABLON
SASTAV	PORTRET
KREATIVNOST	KREDE
SKULPTURE	

26 - Salud y Bienestar #2

```
И O O M I И Y G T Z N N V Y I
L T V A S B P E I E D E C K N
P L A S H O Y N T Š R H P F
J M C A R L J E E A S I A И E
R I P Ž A N L T P J T A N V K
C O F A N I P I A G F C L A C
K M T T E C T K R P A B E J I
A A S A J A T E J I D И S I J
V B L H I G I J E N E И T G E
A O K O G V A R E N J E R R L
R L R I R V I T A M I N E E C
O E V N E I И K K A C P S N A
P S D A L V J M O P G T B E H
O T A D A S Y A C R E L P S P
N V A N A T O M I J E O T P F
```

ALERGIJE
ANATOMIJE
APETIT
KALORIJA
DIJETA
VARENJE
ENERGIJA
BOLEST
STRES
GENETIKE

HIGIJENE
BOLNICA
INFEKCIJE
MASAŽA
ISHRANE
TEŽINA
OPORAVAK
ZDRAV
KRV
VITAMIN

27 - Selva Tropical

```
P  K  T  V  P  O  Č  U  V  A  N  J  E  R  R
G  A  I  R  B  O  P  R  I  R  O  D  A  A  E
M  N  G  S  F  I  Š  P  A  D  M  D  R  Z  S
G  I  T  T  I  M  K  T  R  F  H  G  A  N  T
I  Z  U  E  A  N  I  V  O  H  A  M  S  O  A
A  A  T  B  D  N  И  U  R  V  U  F  I  L  U
G  I  O  A  C  I  N  D  E  J  A  Z  S  I  R
I  K  Č  I  N  A  T  O  B  K  K  T  O  K  A
T  H  I  N  O  T  H  O  T  U  A  V  I  O  C
K  N  Š  P  Y  I  A  L  U  A  N  R  C  S  I
E  F  T  A  T  F  J  A  B  A  A  E  A  T  J
S  B  E  И  N  I  Z  E  H  O  T  D  L  D  A
N  V  R  I  T  P  C  H  A  И  S  N  B  Z  P
I  L  G  N  U  Ž  D  E  T  T  P  E  O  H  B
K  L  I  M  A  I  C  M  E  Z  O  D  O  V  B
```

VODOZEMCI
BOTANIČKI
KLIMA
ZAJEDNICA
RAZNOLIKOST
VRSTE
AUTOHTONIH
INSEKTI
SISARA
MAHOVINA

PRIRODA
OBLACI
PTICE
OČUVANJE
UTOČIŠTE
POŠTOVATI
RESTAURACIJA
DŽUNGLI
OPSTANAK
VREDNE

28 - Adjetivos #1

```
L S V E L I K O D U Š A N A C
F A V P G G E S P R S F N A D
O M C E D V V U A E N D E R V
Z B C M T P V P A V U J V P A
B I G O O A И S B G R И I A J
I C E L R D O C O U O Š N V A
L I N A O A E B A C N E E E B
J O V И P L I R C M Č N E N P
A Z I R S M S N A V I T K A O
N A T J D C K K K N T U L M D
G N K C D G R A I I A L P O C
C T A M N O E O L B M O J R R
K V R N P J N F E B O S Z G P
F R T T E Š K A V Z R P И O D
I R A V A Ž N O M G A A Z N L
```

APSOLUTNE
AKTIVAN
AMBICIOZAN
AROMATIČNO
ATRAKTIVNE
SVETAO
OGROMAN
VELIKODUŠAN
VELIKA
ISKREN

VAŽNO
NEVIN
MLAD
SPORO
MODERAN
TAMNO
SAVRŠENO
TEŠKA
OZBILJAN
VREDNE

29 - Familia

```
P U O M G K M H U A R P J S A
N R J U T I A K R E Ć N Y A A
E P E A I A J A Z J K R O U P
Ć Y D D K P Č D S B N O H L A
A S A E A Y I P R A Y Đ M V S
K A C P R K N M G K I A C E D
H U U O T M S I A A G K F E S
L K N U S P K P D J T E T K A
E И U M E T E D E D K И A U G
A Y K N S M U Ž D G Z A R B U
N E Ć A K I N J A T Y A B U R
D E T I N J S T V A O T A C P
I L K C H L A R J J Z L V M U
M C L A F J G T R Y I Y Z G S
H Z L И E L E R D L Z И И H O
```

BAKA	MAJČINSKE
DEDA	UNUK
PREDAK	DETE
SUPRUGA	DECA
SESTRA	OTAC
BRAT	ROĐAK
ĆERKA	NEĆAKINJA
DETINJSTVA	NEĆAK
MAJKA	TETKA
MUŽ	UJAK

30 - Disciplinas Científicas

```
Y  T  J  L  L  E  J  I  M  O  T  A  N  A  L
J  E  J  I  M  E  H  O  I  B  J  S  O  Z  I
B  O  T  A  N  I  K  E  N  E  R  B  E  A  N
N  B  G  N  D  K  H  J  E  J  I  M  E  H  G
E  I  E  T  M  E  V  I  R  I  O  D  B  F  V
U  O  O  E  Z  J  F  G  A  M  H  S  P  A  I
R  L  L  E  J  I  G  O  L  O  E  H  R  A  S
O  O  O  K  P  G  A  L  O  N  F  L  L  T  T
L  G  G  I  E  O  U  O  G  O  T  D  T  U  I
O  I  I  N  E  L  I  N  I  R  C  V  T  S  K
G  J  J  A  A  O  A  U  J  T  T  S  A  D  E
I  E  E  H  J  K  C  M  A  S  C  I  Y  G  E
J  P  I  E  R  E  O  I  J  A  S  D  I  P  J
E  J  O  M  F  I  Z  I  O  L  O  G  I  J  E
M  E  T  E  O  R  O  L  O  G  I  J  E  Z  I
```

ANATOMIJE
ARHEOLOGIJE
ASTRONOMIJE
BIOLOGIJE
BIOHEMIJE
BOTANIKE
EKOLOGIJE
FIZIOLOGIJE

GEOLOGIJE
IMUNOLOGIJE
LINGVISTIKE
MEHANIKE
METEOROLOGIJE
MINERALOGIJA
NEUROLOGIJE
HEMIJE

31 - Cocina

```
P E K F A A Z A И R Z Č Z F V
H E B A J A L T K E A A A R I
S M P C Š A T P E R Č J M I L
Š A C N B I D E O N I N R Ž J
И T S O G L K C G A N I Z I U
U E A L Y U S E J L I K I D Š
H V N P C N K R O V U E V E K
L L A N I N O Ž E V I P A R E
M A R K V Ć S U N Đ E R Č A Z
V S H P J L I T Š O R Y R G L
R M P F Z T F И J V Š Y V U S
Č I N I J U A V C H O N T C Z
И B O P V D M I A J L E C E K
J M A K F Y R E E Z J V J L I
A E B C V C U M I C E И A B F
```

ČAJNIK
HRANA
ZAMRZIVAČ
KAŠIKE
LONCA
NOŽEVI
KECELJA
ZAČINI
SUNĐER
RERNA

VRČ
ŠTAPIĆI
ROŠTILJ
RECEPT
FRIŽIDER
SALVETA
TEGLU
ŠOLJE
ČINIJU
VILJUŠKE

32 - Moda

```
M J E E N I R O M P D V V B P
P I S K U P O B A O R I R U R
Y C N P B N O R O N D I R T L
M A A I B Z T A D M A E R I A
E V M Č M L A Z E E M N R K A
R B O M A A N A Ć R G L E A E
U Y R R O N L C U E U A L P N
T A K S T I L I F E D N E F Č
S R S Y Y N Z Y S Z V I G C I
K N E S U A V E Z T L G A V T
E M K N D K T E Y H A I N P K
T I Z Y D T L C P M F R T A A
J E D N O S T A V A N O A N R
S O F I S T I C I R A N N E P
Н И S U B L L Z A F H U И C H
```

VEZ	SKROMAN
DUGMAD	ORIGINALNE
BUTIK	OBRAZAC
SKUPO	PRAKTIČNE
ELEGANTAN	ODEĆU
ČIPKE	JEDNOSTAVAN
STIL	SOFISTICIRAN
MERE	TKANINA
MINIMALISTA	TREND
MODERAN	TEKSTURE

33 - Electricidad

```
P E F H G T E T G Z O R B D U
O L I G J R G E E L P H A N J
Z E N F T U H L N B R T T N K
I K Č N K N И E E M E S E E N
T T I A A O A V R P M F R G F
I R R Y A F T I A E A P I A Y
V I T N N E A Z T T S O J T A
N Č K A B L G I O Š M A E I H
O A E P C E P J R I R C L V V
N R L M J T O A T D E I P N I
U B E A И P D I E A Ž N J E R
G P R L O C T M N L A Č J C D
K O L I Č I N A G K V I H I G
P S I J A L I C A S T T C Ž N
O B J E K T E E M K Z U M A F
```

SKLADIŠTE
BATERIJE
SIJALICA
KABL
ŽICE
KOLIČINA
ELEKTRIČAR
ELEKTRIČNI
UTIČNICA
OPREMA

GENERATOR
MAGNET
LAMPA
LASER
NEGATIVNE
OBJEKTE
POZITIVNO
MREŽA
TELEVIZIJA
TELEFON

34 - Salud y Bienestar #1

R	V	O	A	C	F	U	R	L	G	T	Z	D	A	K
P	E	Z	M	R	Y	A	E	S	E	Y	D	D	P	L
E	G	F	O	O	A	L	L	R	R	J	Z	H	O	I
L	N	C	L	B	J	N	A	M	T	E	R	T	T	N
A	F	M	E	E	D	A	K	K	O	S	T	I	E	I
N	K	Y	R	B	K	G	S	U	R	I	V	R	K	C
I	E	T	P	P	G	S	A	Ć	I	Š	I	M	E	I
S	L	P	I	A	S	I	C	D	C	L	Y	B	S	F
I	B	C	C	V	V	N	I	T	N	A	E	L	D	T
V	I	U	Y	Z	A	S	J	P	C	N	Y	K	F	T
S	T	A	V	C	V	N	A	И	P	O	G	R	A	V
N	A	V	I	K	A	O	И	A	D	M	G	R	И	R
C	A	K	O	Ž	A	J	I	P	A	R	E	T	L	Z
B	A	K	T	E	R	I	J	A	F	O	C	J	T	C
O	G	L	A	D	Z	O	I	C	И	H	F	A	A	И

AKTIVAN
VISINA
BAKTERIJA
KLINICI
LEKAR
APOTEKE
PRELOM
GLAD
NAVIKA
HORMONA

KOSTI
LEK
MIŠIĆA
KOŽA
STAV
REFLEKS
RELAKSACIJA
TERAPIJA
TRETMAN
VIRUS

35 - Adjetivos #2

```
K  I  C  J  P  V  A  R  B  D  J  S  R  Z  P
P  R  M  T  U  N  J  V  N  R  E  A  K  A  R
O  R  E  M  P  D  A  Z  H  A  L  Z  K  N  I
P  O  O  A  S  U  V  A  V  M  E  A  O  I  R
I  B  L  D  T  O  P  R  P  A  G  Č  D  M  O
S  D  Y  T  U  I  L  A  P  T  A  I  G  L  D
N  O  C  I  V  K  V  O  B  I  N  N  O  J  N
I  S  V  E  Ž  E  T  N  S  Č  T  J  V  I  O
N  O  V  A  C  Z  P  I  E  A  A  E  O  V  N
J  E  S  T  I  V  O  N  V  N  N  N  R  O  L
F  P  T  A  M  A  N  S  O  N  O  O  A  U  A
V  O  B  N  I  R  A  O  A  E  I  P  N  M  M
P  A  J  Z  J  D  L  N  A  R  O  M  U  H  R
C  H  V  O  H  Z  S  O  H  Z  H  R  F  P  O
L  E  D  P  D  C  S  P  H  I  D  E  N  Y  N
```

UMORAN
JESTIVO
KREATIVNE
OPISNI
DRAMATIČAN
ELEGANTAN
POZNAT
SVEŽE
JAK
ZANIMLJIVO

PRIRODNO
NORMALNO
NOVA
PONOSNI
ZAČINJENO
PRODUKTIVNI
ODGOVORAN
SLANO
ZDRAV
SUVA

36 - Cuerpo Humano

```
G B M P G A M B L R O G R S M
D J Z V C I G J O V U J Y I O
D M C Y Y S И K O Ž A K Z N Z
L A K A T S R P I U O F A O A
P V V L A O F M N Z N D Z G K
P A J D R N G Y T A E A O U U
T L N I V O U V S M L J V E U
S G J I C Z L S O P O E R Y A
O K O Y R R R I K E K K R V U
Y Y K I J R G I C R R J R A K
N C D A L H P C F E A A C O V
O O F N U N Y E L C M C N O U
S Y V F L A R И C R E T H E Y
N K P I Y O Y N N S P J O D O
B R A D A T U S T A G G A E F
```

BRADA
USTA
GLAVA
LICE
MOZAK
LAKAT
SRCE
VRAT
PRST
RAME

JEZIK
RUKA
NOS
OKO
UVO
KOŽA
NOGU
KOLENO
KRV

37 - Calentamiento Global

```
N G E N E R A C I J E K P E M
B A T G R Y D F A И I R O K E
U J U C P D A R R M B I P O Đ
D N D Č A Z L T T P V Z U L U
U Ž E F N J V E L A J E L O N
Ć A E E C I D E L S O P A Š A
N P K J T A K T A A V N C K R
O T И V A U S U R G Z B I A O
S Z K B A D U P K K A K J J D
T A V F A Y N U T Z R Z E I N
P O D A T A K A I S A E H G I
D U A A L R P M K T R K H R H
I N D U S T R I J A Z P O E H
D B Y U C E И L M K A M P N O
T M Y I D U O K E A И L Z E A
```

SADA
EKOLOŠKA
PAŽNJA
ARKTIK
NAUČNIK
KLIMA
POSLEDICE
KRIZE
PODATAKA
RAZVOJ

ENERGIJA
BUDUĆNOST
GAS
GENERACIJE
VLADA
INDUSTRIJA
MEĐUNARODNI
ZAKONA
POPULACIJE

38 - Ciencia

```
U N N B F I Z I K E K J L I B
E K S P E R I M E N T R И R A
Z A G R A V I T A C I J E A F
E J J E U E K M O L E K U L A
T I G B S J Y M I N E R A L A
O R I Y N F U O F A C S M H D
P O A F V O T T И D I M Z E O
I T T M D S S A P O T N I M R
H A I P I I R A V T S A N I I
I R S И K L Y S P E E U A J R
P O D A T A K A P M Č Č G S P
N B E V O L U C I J E N R K Z
R A U M U P C V C A R I O E H
E L L U И P И T P A I K T Z O
V I K T A Y C H H F O E C I P
```

ATOM
NAUČNIK
KLIMA
PODATAKA
EVOLUCIJE
EKSPERIMENT
FIZIKE
FOSIL
GRAVITACIJE
STVARI

HIPOTEZE
LABORATORIJA
METOD
MINERALA
MOLEKULA
PRIRODA
ORGANIZMA
ČESTICE
BILJKE
HEMIJSKE

39 - Restaurante #2

```
K M T H S L U F O H S G M B K
N E P И U M K N T K R A E V A
A U L I P D U И P S L C Y T T
P O H N A T S L Y A K I Š A K
I C I I E L N T J L G L F P V
T K A Č U R O J P A C O B N A
A K H A R E Č E V T И T Y I M
K P V Z J D J R U A P S N Z K
E C A H A A L L E T O R T A K
Ć L A T H J J E K Z Z O P R L
R A D T A J P D V J A L J I A
V I L J U Š K A И D D N U B D
O L J I B A V O Ć E O A C E B
P D Y Z И F K U S O V И Y I F
H U S T Z G И C O J E V T D S
```

VODA	VOĆE
RUČAK	LED
NAPITAK	JAJA
KELNER	TORTA
VEČERA	RIBE
KAŠIKA	SO
UKUSNO	STOLICA
SALATA	SUPA
ZAČINI	VILJUŠKA
REZANCI	POVRĆE

40 - Profesiones #1

```
K A T S I N A J I P S Z A R L
I A M S C M M R D G J L U P E
N R R B S S V N B B F A L S K
D T B T A V O F R S A T P I A
E S A F O S J V Z A J A A H R
R E N P P G A Z N G V R S O A
U S K A P J R D O R O C T L V
K K A Z C O P A O O C L R O O
A O R E N E R T F R A A O G C
P B T P L E S A Č I C A N E R
A D V O K A T L O V A C O T G
J M P Y D N A U Č N I K M A E
V A T R O G A S A C L U N F A
S P O R T I S T A S U I P S N
B P L C G M U Z I Č A R I P O
```

ADVOKAT   UREDNIK
ASTRONOM   AMBASADOR
SPORTISTA   SESTRA
PLESAČICA   TRENER
BANKAR   GEOLOG
VATROGASAC   ZLATAR
KARTOGRAF   MUZIČAR
LOVAC   PIJANISTA
NAUČNIK   PSIHOLOG
LEKAR

41 - Vehículos

```
M  B  K  H  K  A  R  A  V  A  N  T  R  S  H
E  I  O  E  M  U  G  Š  A  T  L  B  U  F  I
T  C  L  L  P  O  D  M  O  R  N  I  C  E  T
R  I  A  I  И  C  U  U  B  Z  O  V  A  N  N
O  K  И  K  F  H  V  E  M  D  I  T  U  O  U
T  L  R  O  T  K  A  R  T  M  V  Z  O  I  M
Z  L  T  P  L  U  C  S  P  E  A  K  S  M  U
C  R  E  T  E  E  Y  H  T  F  S  P  L  A  V
P  E  A  E  A  P  P  E  Y  R  S  Y  S  K  B
F  A  P  R  U  T  I  G  S  C  A  M  A  Č  K
T  Y  E  G  T  Z  H  E  T  J  T  J  P  И  N
A  O  N  Z  O  C  A  K  L  F  E  G  E  O  И
K  A  K  I  B  E  Z  F  H  J  K  M  C  K  V
S  H  Y  S  U  F  Y  V  Y  H  A  K  P  J  T
I  U  K  J  S  O  N  A  A  L  R  И  D  C  A
```

HITNU	TRAJEKT
AUTOBUS	HELIKOPTER
AVION	ŠATL
SPLAV	METRO
ČAMAC	MOTOR
BICIKL	GUME
KAMION	PODMORNICE
KARAVAN	TAKSI
KOLA	TRAKTOR
RAKETA	VOZ

42 - Geometría

```
H  A  I  P  A  R  A  L  E  L  N  I  J  P  P
P  O  S  A  N  I  Š  R  V  O  P  K  F  D  U
M  A  R  J  J  E  D  N  A  Č  I  N  A  G  N
A  U  J  I  Z  N  E  M  I  D  S  G  Z  A  O
Y  P  R  R  Z  S  E  G  M  E  N  T  N  E  B
R  D  И  T  G  O  A  G  U  I  R  E  P  N  R
A  F  T  E  K  I  N  Č  E  R  P  V  V  L  A
P  Z  Z  M  M  B  A  T  V  I  S  I  N  A  Č
T  R  E  I  E  L  J  E  A  И  И  R  T  K  U
H  R  O  S  E  K  I  G  O  L  T  K  J  I  N
V  C  O  C  T  F  D  E  D  K  N  D  V  T  И
U  Z  D  U  E  Y  E  S  A  M  O  E  M  R  U
B  И  E  U  G  N  M  T  E  O  R  I  J  E  E
P  K  K  Z  P  A  A  Z  B  P  J  И  F  V  N
P  D  O  O  S  J  O  T  B  R  O  J  I  H  M
```

VISINA	MEDIJANA
UGAO	BROJ
OBRAČUN	PARALELNI
KRIVE	PROCENAT
PREČNIK	SEGMENT
DIMENZIJU	SIMETRIJA
JEDNAČINA	POVRŠINA
HORIZONTALNE	TEORIJE
LOGIKE	TROUGAO
MASE	VERTIKALNE

43 - Vacaciones #2

```
A V I Z A U L O И E R M Z O V
A E J I C A V R E Z E R O V V
O I R И V H S L P I P V V R R
O N D O B O L S U K Y F E T E
N V P A D M И Y T T P И R S T
H H N M I R T K O V G S P O Š
N H J E I C O V V Š V R U H I
O A A I A M K M A A Z E V O D
I O R I F A P A N T T O A D E
P A S O Š S I M J O J B Y M R
C U L E T O H N E R P O I O D
M A P A D S J J L G L И D R O
O A T B B A E R I N A R T S K
D D E C F T P R R J Ž D Y L L
K L T A K S I M S V A A E И F
```

AERODROM
ŠATOR
ODREDIŠTE
STRANI
HOTEL
OSTRVO
MAPA
MORE
SLOBODNO
PASOŠ

PLAŽA
REZERVACIJE
RESTORAN
TAKSI
PREVOZ
VOZ
ODMOR
PUTOVANJE
VIZA

44 - Matemáticas

```
N  C  T  J  V  F  E  F  V  U  I  U  P  J  G
Y  O  R  Z  Z  L  H  R  O  R  N  G  R  A  E
M  Z  O  И  P  O  A  A  L  J  L  L  A  R  O
A  H  U  O  B  I  M  K  U  B  E  O  V  I  M
R  N  G  E  L  A  O  C  M  P  L  V  O  T  E
G  A  A  L  V  K  P  I  E  A  A  A  U  M  T
O  E  O  K  K  F  M  J  N  O  R  J  G  E  R
L  N  M  V  I  M  K  A  E  A  I  A  T  I
E  L  S  A  N  O  G  I  L  O  P  R  O  I  J
L  A  E  F  Č  B  G  O  O  K  F  T  N  K  E
A  M  T  N  E  N  O  P  S  K  E  E  I  A  R
R  I  E  D  R  R  J  V  N  F  N  M  K  E  R
A  C  R  P  P  U  I  P  S  U  J  I  D  A  R
P  E  R  I  M  E  T  A  R  R  B  S  И  J  F
Z  D  I  P  C  K  U  P  R  A  V  N  O  C  Z
```

ARITMETIKA	PARALELOGRAM
UGLOVA	PERIMETAR
OBIM	UPRAVNO
DECIMALNE	POLIGONA
PREČNIK	RADIJUS
SFERI	PRAVOUGAONIK
EKSPONENT	SIMETRIJA
FRAKCIJA	TROUGAO
GEOMETRIJE	VOLUMEN
PARALELNI	

45 - Profesiones #2

```
L H И R Y M M N A V O T Š A B
G P I D H Č A V I Ž A R T S I
C R Z R O T A R T S U L I D B
Z O O A U F A K P Y B T J E L
A N O B F R A N I V O N H T I
T A L U A J G G F G S A A E O
S L O Z R L F O Z O L I F K T
I A G N G E E K P L I P R T E
V Z И V O T J V R O K C N I K
G A S M T I U N C I A V S V A
N Č P P O Č Z M E B R Z V C R
I A C C F U Z И O Ž H И E D Y
L E K A R A S T R O N A U T A
O U U M Y P I L O T M I B Z S
U B S P G G M H K Z И Y И V P
```

ASTRONAUTA
BIBLIOTEKAR
BIOLOG
HIRURG
ZUBAR
DETEKTIV
FILOZOF
FOTOGRAF
ILUSTRATOR
INŽENJER

PRONALAZAČ
ISTRAŽIVAČ
BAŠTOVAN
LINGVISTA
LEKAR
NOVINAR
PILOT
SLIKAR
UČITELJ
ZOOLOG

46 - Senderismo

```
E  P  Č  P  Ž  I  V  O  T  I  N  J  E  J  H
N  R  I  V  L  J  Y  I  P  S  P  F  L  K  K
G  I  Z  K  I  A  K  Š  E  T  I  M  A  S  D
D  R  M  D  Z  Ž  N  A  V  L  C  P  M  Z  N
I  O  E  E  I  O  A  I  P  P  R  F  I  L  K
V  D  C  J  И  L  R  Č  N  H  A  I  L  Y  U
L  A  M  N  C  O  O  I  G  E  M  D  K  S  M
J  Y  A  A  M  P  M  D  M  C  O  R  O  I  U
A  N  P  V  A  P  U  O  N  N  K  A  A  V  T
V  C  A  O  O  A  O  V  И  U  Y  D  P  C  F
A  R  K  P  P  K  E  V  M  S  И  J  И  P  F
N  U  D  M  E  N  R  S  O  F  V  P  F  C  G
M  Y  E  A  P  F  B  A  M  E  R  P  I  R  P
P  T  B  K  M  A  T  C  P  C  H  K  P  B  V
F  K  A  M  E  N  J  E  J  B  S  B  J  D  J
```

KLIF	PLANINE
VODA	KOMARCI
ŽIVOTINJE	PRIRODA
ČIZME	POLOŽAJ
KAMPOVANJE	PARKOVA
UMORAN	TEŠKA
KLIMA	KAMENJE
SAMIT	PRIPREMA
VODIČI	DIVLJA
MAPA	SUNCE

47 - Naturaleza

```
S  H  P  И  E  P  F  U  P  F  I  O  N  P  R
V  Y  J  Č  R  A  S  C  U  J  A  D  T  I  P
E  O  И  V  E  A  G  И  S  Y  V  J  G  R  Z
T  I  G  S  Ć  L  F  A  T  U  C  R  K  E  Ž
I  L  A  Y  Š  G  E  J  I  Z  O  R  E  U  I
L  G  F  R  I  A  R  L  N  O  A  M  U  Š  V
I  M  L  L  M  E  V  J  B  R  L  B  S  O
Š  R  I  E  A  F  K  I  I  L  K  F  R  P  T
T  U  И  R  Č  L  E  D  I  A  T  O  P  O  I
E  K  A  H  N  E  J  И  M  C  I  J  A  K  N
A  E  K  S  P  O  R  T  D  I  K  N  V  O  J
V  I  T  A  L  N  I  L  E  P  O  T  A  J  E
S  K  L  O  N  I  Š  T  E  K  D  P  O  A  A
E  Y  J  D  I  N  A  M  I  Č  A  N  M  N  B
C  I  R  C  J  I  B  И  V  D  O  D  P  B  V
```

PČELE	MAGLA
ŽIVOTINJE	OBLACI
ARKTIK	MIRNO
LEPOTA	SKLONIŠTE
ŠUMA	REKE
PUSTINJI	DIVLJA
DINAMIČAN	SVETILIŠTE
EROZIJE	SPOKOJAN
LIŠĆE	TROPSKE
GLEČER	VITALNI

48 - Conduciendo

```
J  M  V  S  M  T  S  O  N  R  U  G  I  S  U
K  O  Č  N  I  C  E  N  P  A  G  G  I  H  L
Y  F  P  O  D  C  A  E  A  A  I  N  G  H  I
G  K  T  I  M  N  K  S  P  J  S  A  G  A  C
L  O  M  M  O  C  S  R  S  L  E  N  U  T  I
I  L  A  A  O  T  U  E  G  P  C  S  O  F  L
C  A  P  K  J  T  B  Ć  A  A  E  U  G  S  R
E  G  A  Z  J  M  O  A  R  N  H  Š  G  O  T
N  O  J  C  G  Z  T  R  A  I  J  B  A  T  Z
C  R  I  S  F  O  U  И  Ž  Z  K  S  G  K  N
U  I  C  B  A  J  A  Ć  A  R  B  O  A  S  И
K  V  I  B  G  L  J  K  R  B  G  E  L  V  M
O  O  L  F  R  B  C  B  F  Z  H  V  V  B  Z
Z  R  O  D  M  E  A  O  Y  Z  S  O  A  D  P
B  K  P  C  P  R  E  V  O  Z  V  L  M  P  Z
```

NESREĆA	MAPA
AUTOBUS	MOTOR
ULICI	PEŠAK
KAMION	OPASNOST
KOLA	POLICIJA
GORIVO	SIGURNOST
KOČNICE	PREVOZ
GARAŽA	SAOBRAĆAJA
GAS	TUNEL
LICENCU	BRZINA

49 - Ballet

```
Y  K  L  H  A  B  B  B  U  H  P  N  G  S  J
M  T  A  E  M  G  A  Z  G  A  A  A  E  T  K
V  E  Ž  B  A  C  R  L  L  O  P  Y  S  I  I
R  T  H  R  J  P  F  R  E  U  M  L  T  L  A
R  I  A  Ć  I  Š  I  M  V  R  T  K  A  K  P
I  Z  U  H  F  J  L  Y  A  P  I  K  Z  U  Z
T  N  M  F  A  N  I  T  Š  E  V  N  M  Z  Z
A  E  E  G  R  A  T  S  E  K  R  O  A  H  S
M  T  T  K  G  O  F  U  M  U  Z  I  K  A  R
O  N  N  R  O  T  I  Z  O  P  M  O  K  Č  A
E  I  I  S  E  P  U  B  L  I  K  E  G  A  H
O  I  Č  M  R  B  E  J  O  L  P  K  O  S  P
P  D  K  N  O  P  O  T  S  A  M  F  G  E  N
И  Y  E  A  K  A  Y  R  M  M  L  U  C  L  P
T  E  H  N  I  K  A  O  P  O  V  U  P  P  V
```

APLAUZ	VEŠTINA
UMETNIČKE	INTENZITET
PUBLIKE	MIŠIĆA
BALERINA	MUZIKA
PLESAČA	ORKESTAR
KOMPOZITOR	VEŽBA
KOREOGRAFIJA	RITAM
PROBE	SOLO
STIL	TEHNIKA
GEST	

50 - Fuerza y Gravedad

```
B  J  P  A  P  F  I  Z  I  K  E  M  E  R  V
A  N  L  A  Z  R  E  V  I  N  U  O  P  P  U
B  R  Z  I  N  A  I  A  Z  V  И  R  L  O  T
M  C  D  F  T  И  A  T  T  D  И  B  A  K  I
A  M  O  Y  M  I  R  I  I  H  G  I  N  R  C
M  Y  A  J  N  E  R  T  O  S  S  T  E  E  A
T  C  И  G  O  P  C  H  B  S  A  U  T  T  J
A  J  I  Z  N  A  P  S  K  E  V  K  E  U  T
A  A  B  И  A  E  D  I  N  A  M  I  Č  A  N
V  N  A  A  I  O  T  S  C  E  N  T  A  R  H
T  E  Ž  I  N  A  S  I  U  S  O  R  И  V  И
И  P  K  Z  L  P  O  E  Z  B  K  M  И  S  U
M  E  H  A  N  I  K  E  T  A  H  M  T  И  S
U  D  A  L  J  E  N  O  S  T  M  H  R  T  Y
S  V  O  J  S  T  V  A  O  T  K  R  I  Ć  E
```

CENTAR
OTKRIĆE
DINAMIČAN
UDALJENOST
OSE
EKSPANZIJA
FIZIKE
TRENJA
UTICAJ
MAGNETIZAM

MEHANIKE
POKRETU
ORBITU
TEŽINA
PLANETE
PRITISAK
SVOJSTVA
VREME
UNIVERZALNA
BRZINA

51 - Aventura

```
T S O N V I T K A A B V C O S
S E Ć U J U Đ A N E N Z I D I
O J Š I C C Z S V Y O L P R G
D U L K C O И N P O E E R E U
A T T S O R B A R H N P I D R
R U U M I Ć U Š K C T O R I N
Y P P F A F E C D Z U T O Š O
E K S K U R Z I J E Z A D T S
B И N P Y U G V T P I L A E T
L N A A F U P O M F J B M G M
T M A M E R P I R P A S N B G
N E O B I Č N O H P Z J A R O
O P A S A N N G U И A D T K C
N A V I G A C I J U M J I L R
P R I J A T E L J I A C V D J
```

AKTIVNOST
RADOST
PRIJATELJI
LEPOTA
ODREDIŠTE
TEŠKOĆE
ENTUZIJAZAM
EKSKURZIJE
NEOBIČNO
PROGRAM

PRIRODA
NAVIGACIJU
NOVA
ŠANSA
OPASAN
PRIPREMA
SIGURNOST
IZNENAĐUJUĆE
HRABROST
PUTUJE

52 - Pájaros

```
V N H G K O L V S T L O I A D
R P E G U C P P E O K A D O R
A I R P K F N P E G K R B P F
P L O G A N A R V N C O D U S
C E N P V K K E E I M T P O D
A P A И I P I R J M Z I U S P
V I K C C G L P A A K S U G A
N H U C A A E U J L G V I O T
I I T G V L P K И F B A И B K
V O N A D E G L U Z A T P K A
G O L U B B L J B N V N B A H
N H H Z O И N O J A M T P S P
I T M A C G P И Z O R Z N O M
P C G T L И Z E A И O F K F F
A V P L G E E D T S P E F D P
```

NOJA

ORAO

RODA

LABUD

KUKAVICA

VRANA

FLAMINGO

GUSKA

HERON

GALEB

VRAPCA

SOKO

JAJE

PAPAGAJ

GOLUB

PATKA

PELIKAN

PINGVIN

PILE

TUKAN

53 - Geografía

```
O C N U C A C И P M B Y S H B
G S S F T V M D L S F R E E J
L L T V G L L A A P A M V M E
C L R R I O J O N R Y T E I P
L L S G V S H D I S U S R S M
M I E C R O I R N V J K H F P
E K E R G I I N E E L R O E И
R К И C M I J Y U T M A R R A
O G V D K O N T I N E N T E T
M O D A R G N M U V Z I N C L
U Y P P T N N И A A K S A J A
V B Y A N O I G E R H I F U S
P Y S Z U J R H R Z Y V E G H
M E R I D I J A N Z N B V F Y
T E R I T O R I J E B B P O C
```

VISINU	MERIDIJAN
ATLAS	PLANINE
GRAD	SVET
KONTINENT	SEVER
EKVATOR	ZAPAD
VISINA	ZEMLJU
HEMISFERE	REGIONA
OSTRVO	REKE
MAPA	JUG
MORE	TERITORIJE

54 - Música

```
H H A R M O N I K A Y B V P N
O S I D O L E M S E H A E E V
P E V A M H R J N A A L E V K
M V O K A L E P I T M A N A V
E И V Z D A P P M N И D O Č P
T V Y V Z B O S A E O A F I M
K U Z E G E G H N M H M O C C
P E S N I Č K E J U M I R A U
И K S Č Z C V V E R U U K A G
H Č S I S V R R E T Z A I O H
A I J S O M I H Y S I G M P U
Z Z S A И Z T K P N Č F Z S R
M U B L A B A J P I A U A C P
E M K K F L M K V E R J C E Z
I M P R O V I Z U J E M H И A
```

HARMONIJE   INSTRUMENT
HARMONIKA   MELODI
ALBUM   MIKROFON
BALADA   MUZIČKE
PEVAČICA   MUZIČAR
PEVAM   OPERE
KLASIČNE   PESNIČKE
HOR   RITAM
SNIMANJE   TEMPO
IMPROVIZUJEM   VOKAL

55 - Enfermedad

```
R  E  S  P  I  R  A  T  O  R  N  A  S  B  N
H  U  O  E  T  L  Z  E  N  D  E  L  S  A  N
V  E  L  L  N  E  S  S  E  O  K  C  V  A  K
T  N  E  N  L  A  B  M  U  L  S  P  И  L  L
R  Z  T  E  F  N  N  R  S  T  Y  A  E  U
B  A  P  L  U  Ć  N  E  O  L  E  E  C  R  S
U  R  H  A  A  K  A  M  P  A  N  Z  L  G  I
Š  A  I  R  O  A  F  A  A  B  E  T  N  I  N
N  Z  T  S  O  Y  И  K  T  G  B  U  J  D
J  T  E  T  I  N  U  M  I  T  S  O  K  E  R
A  P  U  A  U  A  I  Z  J  D  H  B  R  J  O
C  L  Z  P  H  D  P  Č  A  T  O  A  U  D  M
I  P  T  B  A  Y  R  O  N  D  Y  M  M  И  J
T  S  G  T  S  L  P  A  И  E  M  G  Z  P  J
L  P  J  P  H  G  U  Z  D  R  A  V  L  J  E
```

TRBUŠNJACI
ALERGIJE
VELLNESS
ZARAZNE
SRCE
HRONIČNE
TELO
SLAB
GENETSKE
NASLEDNE

KOSTI
UPALU
IMUNITET
LUMBALNE
NEUROPATIJA
PLUĆNE
RESPIRATORNA
ZDRAVLJE
SINDROM

56 - Actividades

```
Z K E R A M I K E O M R D И B
A A K P Z U V S Y V A R E I A
D K T И N A S N T U G A C N Š
O T E B F J N L P P I P U T T
V I N I O I K A O J J P B E O
O V O Š T C Č F T B A U K R V
L N G I O A L I K A O Z E E A
J O A V G S O I T Y K D N S N
S S Z E R K V O O A C J N E S
T T V N A A J I M K N F J O T
V J A J F L K E S R U J И L V
O A U E I E M R S O K D E I O
R E J M J R F G A N I T Š E V
K N D C E Z R I B O L O V M I
U M E T N O S T A C S M A F P
```

AKTIVNOST	IGRE
UMETNOST	ČITANJE
ZANATA	MAGIJA
LOV	SLOBODNO
KERAMIKE	RIBOLOV
ŠIVENJE	SLIKU
FOTOGRAFIJE	ZADOVOLJSTVO
VEŠTINA	RELAKSACIJA
INTERESE	ZAGONETKE
BAŠTOVANSTVO	

57 - Verduras

```
R E Z A M O C F T J S N N U P
E E A P Z A Z J A D A R A P T
L J P J S A S M J D L I Ž И D
E B S A V I J L G O A B D C G
C A D J C G I B I И T M I K R
R O T K V I C A E N A U L H A
Z D C U R Z A O V L A Đ T D Š
E И L P K V O E C I H A I K
Z D Z F D M A G D Z Z L P L A
S J L S I M T N N D A L U O Y
G N H Y E N S N U Š R E P K N
S P A N A Ć A Y B E S F C O Y
B O A G T J R K R O M P I R Z
Y I S N T D K P S J G S A B U
A R T I Č O K E И V M H G S E
```

BELI LUK	ĐUMBIR
ARTIČOKE	REPA
CELER	MASLINA
PATLIDŽAN	KROMPIR
BROKOLI	KRASTAVAC
BUNDEVE	PERŠUN
LUK	ROTKVICA
SALATA	GLJIVA
SPANAĆ	PARADAJZ
GRAŠKA	

58 - Instrumentos Musicales

```
F  P  A  Z  B  A  M  G  K  V  M  A  U  I  J
E  L  Š  C  Z  U  A  B  U  R  T  U  F  P  O
Z  E  A  S  O  O  N  T  J  D  B  P  V  B  R
D  U  R  U  U  B  D  I  R  I  V  A  L  K  I
M  A  U  B  T  O  O  A  L  O  Ž  D  N  E  B
И  И  B  Y  C  A  L  H  O  O  M  R  A  J  E
C  L  M  D  R  H  I  A  S  F  I  B  T  S  U
N  M  A  A  D  A  N  U  R  A  A  V  O  J  D
E  U  T  M  R  L  A  I  F  G  N  O  G  N  A
B  A  T  A  K  K  P  G  D  O  R  A  Y  A  R
K  L  A  R  I  N  E  T  D  T  N  P  P  B  A
E  F  R  A  H  A  R  M  O  N  I  K  A  U  L
K  H  N  T  S  A  K  S  O  F  O  N  Y  B  J
U  И  N  I  V  I  O  L  O  N  Č  E  L  O  K
U  P  U  G  И  N  P  T  M  N  K  S  T  P  E
```

HARMONIKA	OBOU
HARFE	TAMBURAŠA
BENDŽO	UDARALJKE
BATAK	KLAVIR
KLARINET	SAKSOFON
FAGOT	BUBANJ
FLAUTA	TROMBON
GONG	TRUBA
GITARA	VIOLINU
MANDOLINA	VIOLONČELO

59 - Formas

```
P  R  I  Z  M  E  K  U  L  K  A  H  D  P  K
K  I  N  O  A  G  U  O  V  A  R  P  A  I  R
P  O  L  I  G  O  N  A  C  C  S  U  S  R  I
E  L  I  P  S  E  T  U  O  K  R  H  G  A  V
U  P  O  Z  P  J  I  G  A  K  A  U  E  M  E
T  R  O  U  G  A  O  P  O  V  D  G  F  I  V
P  M  Z  И  K  C  Z  Y  G  A  N  A  V  D  Y
H  I  P  E  R  B  O  L  A  D  I  O  И  E  A
O  V  A  L  N  E  D  K  N  R  L  K  L  I  P
S  F  E  R  I  F  S  A  P  A  I  D  B  H  A
C  И  I  V  I  C  E  T  A  T  C  C  P  M  D
K  L  P  R  И  J  A  C  R  O  G  R  M  H  F
T  G  R  E  J  E  B  H  D  A  P  И  K  L  L
S  F  A  D  K  A  I  L  P  T  N  M  P  I  O
T  J  Z  P  Y  P  C  K  P  I  P  A  B  M  C
```

LUK	UGAO
IVICE	HIPERBOLA
CILINDAR	STRANA
KRUG	RED
KLIP	OVALNE
KVADRAT	PIRAMIDE
KOCKA	POLIGONA
KRIVE	PRIZME
ELIPSE	PRAVOUGAONIK
SFERI	TROUGAO

60 - Flores

```
A P P H I B I S K U S D L G P
L A J E D I H R O V P E A A L
C S A M C T S N S L P T V R U
J S P J A E P U D B N E A D M
A I T O J K И N U U L N E E
M O T R A U A И R E N I D N R
A N E G S B O Z G D A N E I I
G F R O M M Y P F Z H A V J J
N L K V I I A D E J Z I L A A
O O O A N K F S H A I L A R A
L V C N M L C B L J V A T P A
I E N U A D I T T A M L I И A
J R U Ž O B A L K M Č A C U A
E K S C P T P И I A M A A I P
R U Ž A D B J E T E D T K R F
```

MAKA

MASLAČAK

GARDENIJA

SUNCOKRET

HIBISKUS

JASMIN

LAVANDE

JORGOVAN

LILI

MAGNOLIJE

DEJZI

ORHIDEJA

PASSIONFLOVER

BOŽUR

LATICA

PLUMERIJA

BUKET

RUŽA

DETELINA

LALA

61 - Astronomía

```
P Z F G T C C K A K F M Z Y M
L R R A T E K A R P A F R I E
A A A L Z L M B E T F M K V S
N Č V A A P D A И A Z Z R L E
E E N K A T U A N O R T S A C
T N O S A F J V M V A E M S H
E J D I T D I O R E T S A И R
J A N J I E J N E Č A R M O P
L S E A L L L R M E T E O R C
M V V T E Đ Ž E V Z A S P M V
E E N F T G P P S R U N И A U
Z M I T A M G U Y K E R E O P
T I C F S O M S O K O I A B J
J R A A S T R O N O M P G E O
A O P S E R V A T O R I J E O
```

ASTEROID
ASTRONAUTA
ASTRONOM
NEBO
RAKETA
SAZVEŽĐE
KOSMOS
POMRAČENJE
RAVNODNEVNICA
GALAKSIJA

MESEC
METEOR
OPSERVATORIJE
PLANETE
ZRAČENJA
SATELIT
SUPERNOVA
TELESKOP
ZEMLJE
SVEMIR

62 - Tiempo

```
B G R A N O D E C E N I J E O
U O K R P R E Č U J O И L K Y
D D R B T S G B D M S A N A D
U I K V S Y R J P I A C K L O
Ć N P O I P Z U B N R E A E P
N A S J L P U Y L U A S T N V
O G O D I Š N J E T Z E U D I
S R P O D N E D A Y A M N A S
T N M M E M P A P P J S E R D
L O O R T U J N H I L A R F G
J F A Ć G Y P V T U E R T J P
R И H Z O E A H G K D J D I A
S A D A G И M L L Y E C J I P
R P A P I N F И Z A N Y H U F
L D A P A M P M R И F M C V Y
```

SADA	DANAS
PRE	JUTRO
GODIŠNJE	PODNE
GODINA	MESECA
JUČE	MINUT
KALENDAR	TRENUTAK
DECENIJE	NOĆ
DAN	NEDELJA
BUDUĆNOST	VEK
SAT	RANO

63 - Paisajes

```
R  L  E  D  E  N  O  G  B  R  E  G  A  T  V
A  E  H  O  D  O  L  I  N  I  F  И  G  Z  R
T  O  K  R  T  V  O  D  O  P  A  D  A  G  Y
F  N  D  E  U  M  V  O  И  J  T  M  V  P  G
G  Z  E  N  A  E  S  C  G  A  O  O  A  И
K  L  I  E  D  G  V  T  E  E  N  U  G  A  L
I  G  E  J  R  T  Z  R  I  J  N  K  V  B  M
J  H  N  Č  E  C  H  V  R  Z  B  I  V  A  H
N  C  I  Y  E  I  M  O  N  I  L  A  Ć  M  S
I  F  N  P  Y  R  Y  V  M  R  L  U  A  E  J
T  F  A  A  R  A  V  Č  O  M  A  A  C  A  P
S  И  L  Ć  E  P  T  V  R  G  Ž  P  R  G  T
U  A  P  Š  A  O  O  Z  E  Z  A  O  H  N  K
P  O  L  U  O  S  T  R  V  O  L  K  N  И  M
V  U  L  K  A  N  C  D  E  D  P  O  I  Z  V
```

VODOPAD

PEĆINE

PUSTINJI

UŠĆA

GEJZIR

GLEČER

LEDENOG BREGA

OSTRVO

JEZERO

LAGUNE

MORE

PLANINE

OAZE

MOČVARA

POLUOSTRVO

PLAŽA

REKE

TUNDRE

DOLINI

VULKAN

64 - Días y Meses

```
S E P T E M B A R U T O R A K
H S B A D H G J J A L A A A P
J E R H R R N T K Z T L J K
G U U V A P R I L N Z L L L O
O И L J A N U A R A U R B E F
D V N O V E M B A R A E V D O
I A V A Y R P E T A K K G E P
N Y M C F A J S И Y N A F N N
A P O N E D E L J A K T K P I
M J U N A N F P N T S R E D A
E V R A V E E F Z O S V R P S
S U R K G L K R A B O T K O I
E Y U G U A U P J U C E O D G
C A T A S K P R A S R Č T P И
A E D P T D E C E M B A R V H
```

APRIL
AVGUST
GODINA
KALENDAR
DECEMBAR
SUBOTA
JANUAR
FEBRUAR
ČETVRTAK
JUL

JUN
PONEDELJAK
UTORAK
MESECA
SREDA
NOVEMBAR
OKTOBAR
NEDELJA
SEPTEMBAR
PETAK

65 - Biología

```
A A E M B R I O N S G Z F B N
A N C K L P G Y B S I A N I R
F O T O S I N T E Z A S G Z M
J R K U M A J I R E T K A B S
E U M I Z N E D U A Y I H R I
N E U K U B S I N A P S E N M
A N T O O R E P T I L P C C B
N Ć A N S L R A B K N O L L I
A E C D B M A N I E T O R P O
T L I O C N O G S Y P E D N Z
O I J R R K S Z E C P T K G E
M J E I O A V R E N O M R O H
I U H R U N D V P P A D V L U
J M H P E V O L U C I J E E F
E H R O M O Z O M N K Y I B O
```

ANATOMIJE
BAKTERIJA
ĆELIJU
KOLAGENA
HROMOZOM
EMBRION
ENZIM
EVOLUCIJE
FOTOSINTEZA
HORMON

SISAR
MUTACIJE
PRIRODNO
NERVA
NEURON
OSMOZE
PROTEINA
REPTIL
SIMBIOZE
SINAPSE

66 - Jardinería

```
A I R K Y A U H S K G G M L U
U D S V I K Č I N A T O B N T
T И D U T O V I T S E J M O F
K P H K H M B P L Z E M L J A
U B C G V P R S I C И S K N D
K L I M A O J O Š F T E K U B
S M A F P S O H Ć P H M L U C
E K O U H T O V E R C E I B V
E G Z O T I Č N E V C Z S A E
S E Z O N S K I C A O V T T T
Z T K O N T E J N E R D E Z N
A S B H T C G Y G И Z S A T I
P R L J A V Š T I N E G A L V
K V R K T D D И N P P U E A T
K V O Ć N J A K R D U G O G C
```

VODA
BOTANIČKI
KLIMA
JESTIVO
KOMPOST
KONTEJNER
VRSTE
SEZONSKI
EGZOTIČNE
CVET

CVETNI
LIŠĆE
LIST
VOĆNJAK
VLAGE
CREVO
BUKET
SEME
PRLJAVŠTINE
ZEMLJA

67 - Barbacoas

```
B  F  U  H  Y  J  C  T  E  И  I  M  L  J  J
M  C  P  H  M  B  M  Z  R  D  V  N  R  B  M
S  O  S  P  O  V  R  Ć  E  D  J  M  A  I  E
A  P  P  P  S  I  H  P  C  B  O  V  P  B  P
L  N  O  A  J  M  O  V  K  D  I  R  A  E  N
A  O  T  R  R  U  U  O  K  A  Č  U  R  R  И
T  Ž  E  F  O  A  S  Ć  N  L  O  Ć  V  U  N
E  E  L  M  F  D  D  E  R  G  I  E  C  E  H
L  V  S  T  R  I  I  A  K  I  Z  U  M  N  P
I  I  B  A  U  M  A  C  J  B  T  P  Y  I  M
P  M  E  U  B  I  U  E  A  Z  G  K  Y  D  G
B  S  Z  B  R  L  A  D  R  O  Š  T  I  L  J
V  B  A  C  S  T  U  I  E  S  G  I  C  H  K
A  L  U  K  E  P  F  N  I  J  H  K  M  S  A
E  E  C  V  E  Č  E  R  A  J  I  L  M  S  O
```

RUČAK	MUZIKA
VRUĆE	DECA
LUK	ROŠTILJ
VEČERA	BIBER
NOŽEVI	PILE
SALATE	SO
PORODICA	SOS
VOĆE	PARADAJZ
GLAD	LETO
IGRE	POVRĆE

68 - Ropa

```
B K A P U T G P Š E Š I R P O
E L A D N A S C O S Z U U Z N
Z S U N K A J И A J L E C E K
E U F Z M O R И C G A C F D O
N K M A A C I L R G O S E B Š
O N R U K A V I C E Z J Y R U
L J Š U Z D N P M Z N A Y F L
A A A M O D A P I D Ž A M E J
T A L E P I C R S H B Y I P A
N P G C L L P M A A N M U A N
A A C I V K U R A N S C A Z I
P A K N L P D Ž E M P E R P J
P D F I U A S J Z J Z R I R L
S U I P T U И J S S И M Y E A
D O S B D B J A D I C H Y K H
```

KAPUT
BLUZA
ŠAL
KOŠULJA
JAKNU
POJAS
OGRLICA
KECELJA
SUKNJA
RUKAVICE

NAKIT
MODA
PANTALONE
PIDŽAME
NARUKVICA
SANDALE
ŠEŠIR
DŽEMPER
HALJINA
CIPELA

69 - Meditación

```
T  S  L  V  Y  J  S  T  A  V  A  P  F  I  S
A  A  A  J  R  И  U  G  J  J  K  P  Z  V  G
P  O  N  Z  U  S  H  L  N  R  I  M  U  Y  R
E  S  D  G  K  B  D  P  Ž  G  Z  C  L  G  B
R  E  P  I  L  R  A  B  A  R  U  G  O  И  D
S  Ć  R  U  S  C  K  Z  P  A  M  M  J  M  Z
P  A  I  C  J  A  S  M  N  H  I  Y  A  V  E
E  N  R  P  O  B  N  A  P  O  S  D  S  R  Y
K  J  O  N  R  I  M  J  J  J  S  И  N  S  I
T  E  D  I  F  K  L  C  E  L  C  T  O  Z  C
I  B  A  B  P  И  D  I  P  A  C  E  Ć  E  U
V  J  M  E  N  T  A  L  N  E  B  R  E  N  A
E  R  U  L  A  O  И  S  G  B  E  K  O  G  O
Z  S  S  P  P  J  E  I  R  A  J  O  A  E  A
E  J  N  A  R  T  A  M  S  O  P  P  I  Y  B
```

PAŽNJA
LJUBAZNOST
MIRNO
JASNOĆE
SAOSEĆANJE
EMOCIJA
MENTALNE
UM
POKRET

MUZIKA
PRIRODA
POSMATRANJE
MIR
MISLI
PERSPEKTIVE
STAV
DISANJE

70 - Libros

```
N A P I S A N V R F P S K L D
U N J A P C E A E D A P N V A
N A Č I R P U N L U I K J P I
K R T B R J S V E H N E I A N
N T R A O E T P V O R P Ž И V
A S A V T K S E A V I И E A E
U J G A A D K S N I C S V U N
G P I N R K E M T T P C N T T
Z P Č T A N T A N V A T E O I
D N N U N U N P O Y S R R R V
R B E R P L O P O E Z I J E N
A O T A V I K S J I R O T S I
J T M Č I T A Č Y P A C E S D
J D M A J I C K E L O K M P U
R T S O N J O V D C K E И V F
```

AUTOR
AVANTURA
KOLEKCIJA
KONTEKST
DVOJNOST
NAPISAN
PRIČA
ISTORIJSKI
DUHOVIT
INVENTIVNI

ČITAČ
KNJIŽEVNE
NARATOR
ROMAN
STRANA
RELEVANTNO
PESMA
POEZIJE
SERIJA
TRAGIČNE

71 - Los Medios de Comunicación

```
T C I F O I И V J D A F Y S A
L G F H I E J D E A R N A И L
L E G S D N J E T B V H M K O
C H O H A I A Ž E R M N K I K
R R T Z R V A N B U A E I O A
F M S T F O G K S P L D O N L
Č I N J E N I C E I Y S L L N
M I Š L J E N J E D R M E I I
S T A V O V A D R H P A L N B
D I G I T A L N I B M A N E U
I N T E L E K T U A L N E J Y
O B R A Z O V A N J E M L И E
I Z D A N J E P S P U F M F L
I N D U S T R I J A E F И D I
Č A S O P I S I M A H N V Y E
```

STAVOVA	INTELEKTUALNE
DIGITALNI	LOKALNI
IZDANJE	MIŠLJENJE
OBRAZOVANJE	NOVINE
ONLINE	JAVNI
FINANSIRANJE	RADIO
ČINJENICE	MREŽA
INDUSTRIJA	ČASOPISIMA

72 - Nutrición

```
R T E P G B R M N A V I K E Y
V Z L P D N T Z D R A V L J E
P L M O R I E V F I R K G P F
P S И И P M Č A N P A U R Y E
T E Ž I N A N D I J E T A O U
V Z O K E T O V I T S E J L G
O A D И L I S O S U K U S H K
R N R R O V T E T I L A V K A
T I K E A И I A P E T I T V L
O E D K N V C G V M B H B Y O
O T V E K J N Z M L D O D И R
L O O I M B E C I R A T I Ž I
U R A V N O T E Ž E N G T Z J
R P F E R M E N T A C I J E A
S E U V Y V B V D T K И C A И
```

GORKA
APETIT
KVALITET
KALORIJA
ŽITARICE
JESTIVO
DIJETA
VARENJE
URAVNOTEŽEN
FERMENTACIJE

NAVIKE
TEČNOSTI
TEŽINA
PROTEINA
UKUS
SOS
ZDRAVLJE
ZDRAV
OTROV
VITAMIN

73 - Edificios

```
P V S И L O S L F A F P N S O
O V G U И D A G A J S O H B P
K L B S P N H E E B U Z M D S
S E M P R E A G D G Z O H E E
O T K G C И R N A T S R O A R
I S A O A T K M S R K I P T V
B O M D E R F A A N L Š S E A
S H A A I R A I B R V T S K T
J E Z U M O J Ž M Z K E P I O
O I Y A R P N T A I A E Z R R
R A B M A C I N L O B P T B I
M B A I F F P H O T E L K A J
Z F O Š K O L A N L P S U F E
L A B O R A T O R I J A L J P
U N I V E R Z I T E T M A R P
```

HOSTEL	FARMI
STAN	BOLNICA
ZAMAK	HOTEL
BIOSKOP	LABORATORIJA
AMBASADE	MUZEJ
ŠKOLA	OPSERVATORIJE
STADION	SUPERMARKETA
FABRIKE	POZORIŠTE
GARAŽA	KULA
AMBAR	UNIVERZITET

74 - Océano

```
T U N A T B A G I R T S O J J
O H A J K U L A R L E L D E A
F C K I T P K G E E B I R G F
V P L I M E И U Đ J B L Z U P
L G K D E L F I N P M E G L A
I K G R C G A M U K E C N J Č
V M S Y A T K C S I D I A A A
A L Y F M B T O A P U N H D J
M O Z U A A A S R M Z T G T N
L N H G Č Y J E J A A O P A R
P J U V F M U И K K L B T U O
J A G G E B L T E Š U O J I K
S P E T F K O K R Y Z H B B И
C U S D P A P E G O O K Y B J
A C A U L Y D K S T A S C B N
```

ALGE
JEGULJA
GREBEN
TUNA
KIT
ČAMAC
ŠKAMPI
KRABA
KORAL
DELFIN

SUNĐER
PLIME
MEDUZA
OSTRIGA
RIBE
HOBOTNICE
SO
AJKULA
OLUJA
KORNJAČA

75 - Ciudad

```
P O K S O I B E E C K T R B J
O H R И U V U O V V L R P I K
O L P O U P U U C E I Ž M B P
G И V D H N E A J Ć N I R L I
D K I C E O I R I A Š K I A
E N F J Z N A V M R C T G O P
J J P E K A R A E A I E C T O
F I O Z L M D A F R R V G E T
I Ž T U И O L K V D Z K H K E
H A F M N R T R H S C I E E K
O R P R O D A V N I C A T T E
T A M H N O I D A T S V S E A
E K N A B R P Z O O V R T O T
L I P A R E P O Z O R I Š T E
Š K O L A A G A L E R I J A J
```

AERODROM
BANKE
BIBLIOTEKE
BIOSKOP
KLINICI
ŠKOLA
STADION
APOTEKE
CVEĆAR
GALERIJA

HOTEL
KNJIŽARA
TRŽIŠTE
MUZEJ
PEKARA
SUPERMARKETA
POZORIŠTE
PRODAVNICA
UNIVERZITET
ZOO VRT

76 - Agronomía

```
A S A O Y Y S I U Z T Y S E I
P A J I D U T S O A L H R K A
N V N K U R H P P G G V K O I
V I D S I Ž F P A V Z G L U
И R O N E Y O I N Đ Y T Z O N
Y B V A J N R A V E M E S G C
B U Z G I T E O B N H K K I И
O Đ I R Z Z P R A J D U U J S
L H O O O V P L G A J A I E I
E M R P R H B И A I B N C A S
S H P U E Ć R V O P J И F F T
T S A R B I L J K E D A K M E
I P O L J O P R I V R E D E M
O K R U Ž E N J U T Y T Y O I
И R U R A L N I H M A U U N V
```

POLJOPRIVREDE
VODA
NAUKE
ZAGAĐENJA
RAST
EKOLOGIJE
ENERGIJA
BOLESTI
EROZIJE
STUDIJA

ĐUBRIVA
OKRUŽENJU
ORGANSKI
BILJKE
PROIZVODNJA
RURALNIH
SEME
SISTEMI
ODRŽIV
POVRĆE

77 - Actividades y Ocio

```
B K U D E R R V P S K O B S N
A K F F J O O T E L A B D U F
Š A D P N N U E J I B O H S L
T M P C A J E A A K T A E B O
O P D T V E P N P U V E J P G
V O T S O N T E M U E T N O F
A V P P F J P N O J R O A I J
N A N R R E R I B O L O V K S
S N E Ć U J A T Š U P O I O B
T J Z J S I I A P A M M L Š E
V E J N E R A N I N A L P A J
O O D B O J K A K F K H T R Z
J K O B P H A V Y E C P V K B
P U T O V A T I L K Z F B U O
J N L Z T H I A J F Y U N И L
```

HOBIJE
UMETNOST
KOŠARKU
BEJZBOL
BOKS
RONJENJE
KAMPOVANJE
FUDBAL
GOLF
BAŠTOVANSTVO

PLIVANJE
RIBOLOV
SLIKU
OPUŠTAJUĆE
PLANINARENJE
SURFOVANJE
TENIS
PUTOVATI
ODBOJKA

78 - Ingeniería

```
D D O S E B N K B N S I S U U
I E U U G A O O E N N N T G O
S N C B B B G N B N M U A V S
T E И C I A O S A U P Č R G L
R R O L S N P T C A B A U O E
I G A P E C A R Y R И R T N Z
B I M И P E G U L O P B K Č I
U J M O T O R K D I A O U E D
C A P A P N K C A J N E R T E
I Z O U A U C I A V I B T M R
J И Y E T A S J N H V C S U U
A R H E Y T И A I Č A F J S P
M E R E N J E И Š O E F Y A O
G T S O N L I B A T S R B C Y
D I J A G R A M M Z H A P K N
```

UGAO
OBRAČUN
KONSTRUKCIJA
DIJAGRAM
PREČNIK
DIZEL
DISTRIBUCIJA
OSE
ENERGIJA
STABILNOST

STRUKTURA
TRENJA
SNAGE
TEČNOG
MAŠINA
MERENJE
MOTOR
POLUGE
DUBINA
POGON

79 - Comida #1

```
C  B  G  N  P  Š  G  M  L  N  S  S  B  F  A
I  H  C  P  P  A  S  L  Y  A  P  H  O  S  C
M  A  Č  E  J  R  I  A  P  N  A  A  M  K  H
E  D  D  K  Y  G  Y  T  Z  E  N  U  O  D  M
T  N  K  Š  B  A  Z  L  I  R  A  K  E  L  M
A  T  Z  U  O  R  Z  I  P  H  Ć  P  J  E  K
M  A  F  R  S  E  F  M  G  H  Y  G  U  B  И
T  E  A  K  I  P  G  U  G  D  Š  G  R  S  I
Z  U  S  B  L  A  K  N  A  P  E  R  L  U  K
Z  J  D  A  J  S  I  Y  D  E  Ć  R  A  A  O
O  H  P  T  A  P  F  T  O  E  E  F  U  G  V
E  I  H  A  K  M  E  И  G  A  R  N  S  D  H
A  R  M  L  K  M  D  A  A  N  A  N  U  T  T
Y  K  U  A  J  H  U  S  J  F  A  K  P  Y  E
M  A  L  S  B  E  L  I  L  U  K  E  C  R  L
```

BELI LUK	JAGODA
BOSILJAK	SOK
TUNA	MLEKA
ŠEĆERA	LIMUN
CIMET	NANE
MESA	REPA
JEČAM	KRUŠKE
LUK	SO
SALATA	SUPA
SPANAĆ	ŠARGAREPA

80 - Antigüedades

```
S  K  U  L  P  T  U  R  E  B  R  Y  И  N  G
D  N  A  T  N  A  G  E  L  E  E  C  Z  A  A
E  A  R  J  N  E  O  B  I  Č  N  O  E  K  L
C  M  U  M  E  T  N  O  S  T  И  I  E  I  E
E  E  N  M  S  T  I  L  O  J  P  Z  I  T  R
N  Š  R  E  S  T  A  U  R  A  C  I  J  A  I
I  T  K  R  E  T  V  K  G  F  N  O  I  N  J
J  A  E  D  P  C  E  E  O  M  N  T  C  E  A
A  J  P  A  B  J  J  T  K  V  И  S  K  C  S
E  K  V  A  L  I  T  E  T  B  A  O  U  B  T
A  U  T  E  N  T  I  Č  A  N  И  N  A  G  A
D  E  K  O  R  A  T  I  V  N  E  D  I  A  R
I  N  V  E  S  T  I  C  I  J  A  E  B  C  I
T  L  P  R  T  N  J  V  J  S  T  R  N  L  E
K  C  R  G  J  C  N  O  M  D  A  V  Z  J  N
```

UMETNOST	INVESTICIJA
AUTENTIČAN	NAKIT
KVALITET	KOVANICE
DEKORATIVNE	NAMEŠTAJ
DECENIJA	CENA
ELEGANTAN	RESTAURACIJA
SKULPTURE	VEK
STIL	AUKCIJI
GALERIJA	VREDNOST
NEOBIČNO	STARI

81 - Literatura

```
A L P N O O G Z R V R D Z E S
N L H R A S J A D A J I J E A
A M S P M R O T U A S D T G A
L I T S S I A V A I N I N A K
I H L F E P G T T V B J P T M
Z D Z N P N V O O D N A M O R
A J I G O L A N A R M L Z D F
T R A G E D I J E F E O A G I
B I O G R A F I J A T G K E K
A S V I Z N P M I N A T L N C
P E S N I Č K E I Z F E J A I
M J I D B E R H O U O M U P J
S O H M C K V E C E R A Č E A
A H U K L B G E H F A A A G O
R I M E J N E Đ E R O P K S P
```

ANALOGIJA
ANALIZA
ANEGDOTA
AUTOR
BIOGRAFIJA
POREĐENJE
ZAKLJUČAK
OPIS
DIJALOG
STIL

FIKCIJA
METAFORA
NARATOR
ROMAN
PESMA
PESNIČKE
RIME
RITAM
TEMA
TRAGEDIJE

82 - Química

```
T E M P E R A T U R A H L K S
U G L J E N I K R E F V H I F
I I N V U D И G J U I P A S V
K I S E O N I K S T U A Z E H
N P I G B Z E T O L P O T L L
E U A G T P L G O N Č E T I O
L U K E L O M K A G H B R N R
E D P L N S Y V G S I A E E M
K J O N E P T M U K L L A C E
T H J V C A N I Ž E T K K E T
R N N U T L R Z B N Z A C G A
O M S L F Y Z N D G P L I H L
N C H Y C V L E N E N J E A
V O D O N I K И O P J E A O N
K A T A L I Z A T O R B P A S
```

ALKALNE
KISELINE
TOPLOTE
UGLJENIK
KATALIZATOR
HLOR
ELEKTRON
ENZIM
GAS
VODONIK

JON
TEČNOG
METALA
MOLEKUL
NUKLEARNE
KISEONIK
TEŽINA
REAKCIJA
SO
TEMPERATURA

83 - Gobierno

```
S  U  D  S  K  E  A  K  S  P  D  T  R  B  L
N  C  I  E  A  E  J  I  S  U  K  S  I  D  I
O  A  Z  E  V  A  Ž  R  D  T  A  O  I  N  D
K  S  C  K  I  N  E  M  O  P  S  N  I  A  E
A  F  P  I  J  E  D  N  A  K  O  S  T  C  R
Z  G  I  T  O  R  S  S  V  D  R  I  L  I  S
I  I  I  I  S  N  F  V  G  P  V  V  I  J  L
H  C  E  L  G  S  A  H  A  L  A  A  P  E  O
G  O  V  O  R  I  T  L  A  U  T  Z  R  B  B
U  T  B  P  R  V  S  Z  N  C  S  E  A  P  O
R  C  I  V  I  L  N  I  F  A  U  N  V  P  D
K  D  R  Ž  A  V  L  J  A  N  S  T  V  A  E
O  D  E  M  O  K  R  A  T  I  J  E  R  D  A
V  N  M  E  D  A  S  I  M  B  O  L  E  P  M
S  M  S  R  U  P  K  P  L  E  Z  A  D  O  A
```

DRŽAVLJANSTVA	SUDSKE
CIVILNI	PRAVDA
USTAV	ZAKON
DEMOKRATIJE	SLOBODE
GOVOR	LIDER
DISKUSIJE	SPOMENIK
OKRUG	NACIONALNA
DRŽAVE	NACIJE
JEDNAKOST	POLITIKE
NEZAVISNOST	SIMBOL

84 - Creatividad

```
T  S  O  Č  I  T  N  E  T  U  A  V  I  I
B  N  H  L  I  D  S  O  T  P  J  E  E  Z  N
B  A  I  O  P  E  O  C  Š  M  I  J  Š  R  T
H  Č  N  L  Z  J  N  M  A  O  C  J  T  A  E
I  I  И  H  E  L  F  M  A  I  A  I  Z  N
U  T  I  S  A  K  A  O  D  D  U  S  N  Y  Z
H  A  T  S  J  E  И  D  F  T  N  A  L  I
A  M  N  P  I  Z  I  S  G  E  N  O  B  И  T
G  A  E  U  C  G  V  L  C  F  I  Ć  P  S  E
N  R  V  D  A  A  J  I  C  O  M  E  T  L  T
B  D  N  O  Z  J  H  K  V  I  Z  I  J  E  И
M  R  I  L  N  E  G  A  J  N  A  Ć  E  S  O
M  C  R  T  E  K  Č  I  N  T  E  M  U  B  H
H  B  A  U  S  S  P  O  N  T  A  N  I  C  L
I  N  S  P  I  R  A  C  I  J  A  A  N  K  M
```

UMETNIČKE	MAŠTE
AUTENTIČNOST	UTISAK
JASNOĆE	INSPIRACIJA
DRAMATIČAN	INTENZITET
EMOCIJA	INTUICIJU
SPONTANI	INVENTIVNI
IZRAZ	SENZACIJA
VEŠTINA	OSEĆANJA
IDEJE	VIZIJE
SLIKA	VITALNOST

85 - Clima

```
F R G R M L J A V I N A D V T
B Z I I И H I V L A K J I M E
T R O P S K E U D G H E A U M
G M I H N M P S T L A P A N P
P O P L A V A D N F M M M J E
E O Y P G B S F Y E Š U S E R
T O R N A D O Y Y M B S U Y A
I P Y V R E U D A C O O A B T
P D A J U L O B L A K N P N U
O Z P P O V E T A R A C S V R
L I V T C D G I O F N I K U A
A S F J O Z B A P N A H L A N
R A T E V K S L E D N B I J F
N A T M O S F E R A H U M C F
I N Y O Z N D E Z Z F K A B P
```

ATMOSFERA
POVETARAC
NEBO
KLIMA
LED
URAGAN
POPLAVA
MONSUN
MAGLA
OBLAK

POLARNI
MUNJE
SUVA
SUŠE
TEMPERATURA
OLUJA
TORNADO
TROPSKE
GRMLJAVINA
VETAR

86 - Comida #2

```
H N N B S P P Z T R U G O J G
A A V J P Š I A E J N Š I V И
B Ž Y J B E A Đ R A S P I L E
C D P S B N H Ž K A Y O V I K
L I C M N I R O O S D D I I O
A L J M D C Z R C I И A K C Č
B T C E L E T G N R C K J И I
B A N A N E H Č U E I U P Z T
F P Y D И B L O S L T B L B R
C J S Z R P E K K E U A M D A
B A D E M V B O R C P J A U S
M Z J A P R V L J S H R O V Đ
K J L B T A E A Č A N I R I P
C Z S O P M N D U U J Y Y S P
P E B V R B F A T E R E B H S
```

ARTIČOKE
BADEM
CELER
PIRINAČ
PATLIDŽAN
VIŠNJE
ČOKOLADA
SUNCOKRET
JAJE
ĐUMBIR

KIVI
JABUKA
HLEB
BANANE
PILE
SIR
PARADAJZ
PŠENICE
GROŽĐA
JOGURT

87 - Arte

```
S  I  V  I  Z  U  E  L  N  I  D  L  N  И  T  O
R  I  T  I  R  O  V  T  S  O  Y  I  L  H  O
V  H  M  D  O  E  F  P  A  T  T  P  Č  R  J
D  C  O  B  И  R  T  O  S  J  E  A  Y  N  C
R  N  V  C  O  S  K  E  L  P  M  O  K  U  I
И  Y  N  O  U  L  B  Z  Z  И  A  T  И  O  M
K  N  E  V  M  A  Z  I  L  A  E  R  D  A  N
I  S  K  R  E  N  R  J  C  H  R  O  Z  K  P
H  J  I  A  V  G  V  E  H  P  U  Z  P  S  O
P  R  L  T  D  A  I  V  U  N  T  D  I  A  R
T  Y  S  V  A  O  F  N  V  H  P  J  A  S  T
I  N  S  P  I  R  I  S  A  N  L  G  P  T  R
O  R  I  G  I  N  A  L  N  E  U  D  U  A  E
Y  R  E  K  Č  I  M  A  R  E  K  P  K  V  T
G  E  J  N  E  Ž  O  L  O  P  S  A  R  L  F
```

KERAMIČKE
KOMPLEKS
SASTAV
STVORITI
SKULPTURE
IZRAZ
ISKREN
RASPOLOŽENJE
INSPIRISAN

ORIGINALNE
LIČNI
SLIKE
POEZIJE
PORTRET
SIMBOL
NADREALIZAM
TEMA
VIZUELNI

88 - Diplomacia

```
H D I S K U S I J E J D S D S
N U U Z U Z V A J S M I I M A
P A M V P M A D V A R P G G R
O M И A D A L V C V U L U D A
L B J K N C J A N E O O R A D
I A A I Z I N A R T S M N H N
T S S Z O A T S И N G A O G J
I A M E A A J A A I D T S S A
K D V J Z C R E R K J S T U R
E O E T I K E B D N C K F K O
S R Y N U S I P B N E E S O V
N T E T I R G E T N I R S B O
A M B A S A D E D Z P C U A G
R E Š E N J E V A R Z F A A U
D Y C K Z R E Z O L U C I J A
```

SAVETNIK
ZAJEDNICA
SUKOBA
SARADNJA
DIPLOMATSKE
DISKUSIJE
AMBASADE
AMBASADOR
STRANI
ETIKE

VLADA
HUMANITARNE
JEZIKA
INTEGRITET
PRAVDA
POLITIKE
REZOLUCIJA
SIGURNOST
REŠENJE
UGOVORA

89 - Herboristería

```
M I N E L E Z N K D P T S G D
Y I I T O A S F A O C A И N B
I Y R J Y N N T J P M P R K A
M N A O F S K E R E Y O L D Š
D C M C Đ T P V Š A L L R N T
P I Z E U I L C A I G A A A A
B И U B N A J R F L U O Y R Č
O B R V G L И A R R F D N O K
S E B I L J K A A L И J U J V
I L V Z M T E S N L D G Š A A
L I K U L I N A R S K E R M L
J L A R O M A T I Č N O E K I
A U O P F Z N V O C J R P N T
K K A J O T S A S U K U S P E
T I A L A V A N D E Y G R H T
```

BELI LUK
BOSILJAK
AROMATIČNO
ŠAFRAN
KVALITET
KULINARSKE
MIROĐIJA
ESTRAGON
CVET
KOMORAČ

SASTOJAK
BAŠTA
LAVANDE
MAJORAN
NANE
PERŠUN
BILJKA
RUZMARIN
UKUS
ZELEN

90 - Energía

```
A K E D P L N C J J T N B E K
N P I C A P P Y S L U U A L T
S A P I R O T O M N R K T E O
F H N E E L N B H K B L E K P
B E N Z I N N E J I I E R T L
E A A Y K F O T O N N A I R O
И E J I P O R T N E U R J I T
J N A L S E T T A J G N E Č E
V O D O N I K P B L K E G N V
G N S U N C E U A G P O O I E
P F A M И N L R P U Z U R P T
P A A A J N E Đ A G A Z I O A
O B N O V L J I V E U И V C R
I N D U S T R I J A P L O P M
F N H B B L V N D I Z E L U E
```

BATERIJE   BENZIN
TOPLOTE   VODONIK
UGLJENIK   INDUSTRIJA
GORIVO   MOTOR
ZAGAĐENJA   NUKLEARNE
DIZEL   OBNOVLJIVE
ELEKTRON   SUNCE
ELEKTRIČNI   TURBINU
ENTROPIJE   PARE
FOTON   VETAR

91 - Especias

```
A G D O U K Z U K U L I L E B
L M T S И D O J U I S P V N S
I A F M O E Z M L F S I T F L
N K K O F K T C O И E E O S A
Đ F S И H U D I N R M Y L K D
U K I R U L P M G P A P N O I
M U A K R O G E P A J Č B C Ć
B I S R K N G T P P M B N T E
I F I P D H S R K R N I M U K
R R N E F A H L A I A B V C N
S L A T K O M D R K R E A K B
P U P J U S G O I A F R N U M
U K U S Y V R U M C A R I K S
K A R A N F I L I Ć Š A L D P
J Z И O Y V P E Y J B P E I T
```

KISELO
BELI LUK
GORKA
ANISA
ŠAFRAN
CIMET
KARDAMOM
LUK
KARANFILIĆ
KUMIN

KARI
SLATKO
KOMORAČ
ĐUMBIR
PAPRIKA
BIBER
SLADIĆE
UKUS
SO
VANILE

92 - Emociones

```
T A H V I E И B K J P B J I F
U Y B E S D L N O L A L D U I
G L J U B A Z N O S T A R J V
A A C E H L Z N U T O Ž B A G
P F U J V O J H T S M E S P Z
Z G O N E T Š U P O A N A A A
T Z R E P A H Z B D R S D S D
B U E Đ E S A L H A S T R I O
M C L A M I R N O R V V Ž M V
P J J N S T T F L I V O A P O
N C E E I P S T Z M P И J A L
A A F N T S O N Ž E N U L T J
P B И Z P T Z K J И A G A I A
I F T I E D A S O D Z J Y J N
Z A H V A L A N O J И F M E H
```

DOSADE	BES
ZAHVALAN	STRAH
RADOST	MIR
RELJEF	OPUŠTENO
LJUBAV	ZADOVOLJAN
SRAMOTA	SIMPATIJE
BLAŽENSTVO	IZNENAĐENJE
LJUBAZNOST	NEŽNOST
MIRNO	SPOKOJ
SADRŽAJ	TUGA

93 - Universo

```
M  J  A  O  K  S  E  B  E  N  R  O  L  V  A
E  E  K  B  B  D  R  Y  M  E  C  R  E  I  L
S  R  O  T  A  V  K  E  O  B  K  B  J  D  V
E  E  S  R  R  И  M  A  N  O  L  I  I  L  I
C  F  M  A  E  U  J  Y  O  R  B  T  M  J  G
Z  S  I  D  F  G  T  O  R  T  A  U  O  I  A
Z  I  Č  H  S  T  E  K  T  M  Y  L  N  V  L
F  M  K  M  O  D  E  H  S  O  Y  И  O  E  A
E  E  E  T  M  R  J  L  A  L  T  E  R  S  K
M  H  M  И  T  M  I  J  E  E  D  G  T  L  S
P  Z  Y  A  A  B  O  Z  C  S  S  T  S  A  I
A  S  T  E  R  O  I  D  O  H  K  B  A  T  J
T  A  M  A  A  M  F  E  И  N  T  O  И  P  A
H  V  A  L  N  F  Y  O  O  V  T  K  P  B  G
O  V  J  V  Y  S  M  N  G  D  H  M  Z  S  И
```

ASTEROID	GALAKSIJA
ASTRONOMIJE	HEMISFERE
ASTRONOM	HORIZONT
ATMOSFERA	MESEC
NEBESKO	TAMA
NEBO	ORBITU
KOSMIČKE	SOLARNE
EKVATOR	TELESKOP
EON	VIDLJIVE

94 - Jazz

```
M I M K I N T E M U A I S A E
U K V O N A G L A S A K T I A
Z M L N E Y Z T R C I P A Y J
I F R C P В И H E D I P R H K
K I V E J N B U B H L U I O F
A V C R K K K K Z S N Ž A N R
C O A T I R O V A F J I K V И
L P V M U A M Y U P P И K K Z
T B O P K T P V V E S A F A T
S D N C M S O A K S Y H И R A
U A U N C E Z D H M U B L A L
B A S R M K I G A A И Y I T E
S M A T I R T A N Z O P T A N
E D R T A O O B A P M R S K A
O P S H T V R H Y I P M S P T
```

UMETNIK
ALBUM
PESMA
SASTAV
KOMPOZITOR
KONCERT
STIL
NAGLASAK
POZNAT
FAVORITA

ŽANR
MUZIKA
NOVA
ORKESTAR
RITAM
TALENAT
BUBNJEVI
TEHNIKA
STARI

95 - Mediciones

```
D  K  V  D  R  H  K  K  D  Y  P  Y  H  A  R
V  U  Z  S  E  G  H  A  O  H  F  F  Y  F  S
I  M  Ž  P  L  C  G  E  G  N  J  Y  Y  F  Z
S  C  Z  I  A  S  I  C  J  O  Y  M  И  V  F
I  T  D  A  N  O  T  M  A  R  G  O  L  I  K
N  G  B  P  I  A  J  T  A  U  S  R  Š  S  S
A  Č  N  I  B  U  A  Z  F  L  I  A  I  T  T
M  A  S  E  U  S  B  R  S  B  N  T  R  E  G
B  G  L  I  D  L  I  T  A  R  E  E  I  P  K
R  P  A  M  Z  M  A  U  N  J  M  M  N  E  J
I  V  R  A  C  E  A  N  I  S  U  O  A  N  M
N  B  E  C  O  T  C  I  Ž  V  L  L  C  R  D
I  F  G  F  O  A  B  M  E  I  O  I  N  Z  G
Z  B  T  A  K  R  P  F  T  S  V  K  U  S  T
B  P  G  M  C  E  N  T  I  M  E  T  A  R  D
```

VISINA
ŠIRINA
BAJT
CENTIMETAR
DECIMALNE
STEPEN
GRAM
KILOGRAM
KILOMETAR
LITAR

DUŽINA
MASE
METAR
MINUT
UNCA
TEŽINA
DUBINA
INČA
TONA
VOLUMEN

96 - Barcos

```
C A N E H I K Č I T U A N O R
D P C A T U O K A J A K J K E
O I H D И U N L B C V A Z E K
S F И P P D O A T A O N G A E
J K D T A J P F K E B J A N T
S H D T K S A A E Z S K C F H
C J Y F M M C V J Z N P I M A
K F O H L O B R A J F E L E J
A N R U D R T R R P T K I A V
R V H V D D B O T P E S R G V
N J O E M I L P R R M R D P Y
R V E J O S J E Z E R O E D K
A P D K R A N R O M T M J L C
P S И S E D A S O P F O O I M
M Z U U S B B M N Z Y P I H V
```

SIDRO
SPLAV
BOVA
KANU
KONOPAC
TRAJEKT
KAJAK
JEZERO
MORE
PLIME

MORNAR
POMORSKE
JARBOL
MOTOR
NAUTIČKIH
OKEAN
REKE
POSADE
JEDRILICA
JAHTE

97 - Antártida

```
G E O G R A F I J E N O V N I
P O L U O S T R V O L A A U S
E K S P E D I C I J E I J M T
K O N T I N E N T P E I T U R
P A V H A D R O K I J P A M A
O Č U V A N J E D T I U R O Ž
H Z R C L P K N L H C И U V I
D K T N A I M H E B A K T O V
B E J A R N O O S T R V A D A
P И L U E G P B И C G P R A Č
D H Y Č N V T S L G I P E U H
P R I N I I I И F A M V P N D
G S I E M N C L O H C M M И И
A B T M J I E H N Y S I E V D
L R E И G L E Č E R A H T A P
```

VODA
BEJ
NAUČNE
OČUVANJE
KONTINENT
EKSPEDICIJE
GEOGRAFIJE
GLEČERA
LED
ISTRAŽIVAČ

OSTRVA
MIGRACIJE
MINERALA
OBLACI
PTICE
POLUOSTRVO
PINGVINI
ROKI
TEMPERATURA

98 - Mamíferos

```
R  S  O  V  C  E  Z  P  A  S  V  U  K  A  N
И  E  D  M  C  P  E  M  A  G  A  R  A  C  L
D  E  L  F  I  N  B  Y  P  Y  K  U  T  E  I
C  R  A  I  F  R  R  D  J  A  K  I  B  Z  S
E  N  F  C  M  E  A  L  I  R  O  G  E  B  I
G  A  Y  P  E  A  Y  J  Z  B  J  K  G  K  C
A  S  C  G  J  L  K  N  J  A  O  V  G  D  A
G  A  F  A  R  I  Ž  S  T  O  T  L  A  I  И
И  P  M  O  P  U  A  L  U  T  A  S  N  P  P
M  A  J  M  U  N  G  O  P  I  M  D  H  G  E
F  K  D  L  M  N  J  N  O  K  E  O  A  B  R
P  Č  O  U  P  G  И  R  E  R  D  N  F  D  G
A  A  J  G  U  S  A  K  K  K  V  H  P  H  A
G  M  Z  И  R  C  G  G  P  F  E  C  A  F  A
Y  L  R  E  Y  R  T  A  H  U  D  O  P  G  P
```

KIT	MAČKA
MAGARAC	GORILA
KONJ	ŽIRAFA
KAMILE	VUK
KENGUR	MAJMUN
ZEBRA	MEDVED
ZEC	OVCE
KOJOTA	PAS
DELFIN	BIK
SLON	LISICA

99 - Abejas

```
E  K  J  L  I  B  C  K  V  I  V  U  J  O  P
K  K  A  S  O  V  A  R  O  K  N  A  A  Y  O
O  J  O  R  A  P  O  I  Ć  Z  A  S  N  H  L
Š  P  A  S  C  T  G  L  E  M  E  D  E  F  E
N  J  O  A  I  I  N  A  H  R  A  N  A  K  N
I  N  C  B  J  S  A  T  Š  A  B  F  N  U  T
C  P  P  U  L  Y  T  E  V  C  R  D  N  G  E
E  S  T  J  A  D  S  E  D  V  S  I  I  O  A
A  L  U  F  R  J  I  R  M  E  A  M  S  A  J
P  U  O  N  K  K  R  N  E  Ć  S  H  V  A  Y
C  I  F  B  C  M  O  Z  A  E  O  T  U  P  И
И  N  C  K  A  E  K  H  O  Y  T  D  Z  L  R
R  A  Z  N  O  L  I  K  O  S  T  P  J  Y  P
O  P  R  A  Š  I  V  A  Č  J  И  I  V  P  V
H  C  I  T  A  K  A  P  D  A  H  J  H  J  J
```

KRILA	VOĆE
KORISTAN	DIM
VOSAK	INSEKT
KOŠNICE	BAŠTA
HRANA	MED
RAZNOLIKOST	BILJKE
EKOSISTEM	POLEN
ROJ	OPRAŠIVAČ
CVET	KRALJICA
CVEĆE	SUNCE

100 - Psicología

```
T E R A P I J A T K И L R D E
V K C O A Z P K F A U V V Y T
M E L B O R P F G P J S A F S
A И G J R E A L N O S T T D E
G O N O P E R C E P C I J E N
S L I Č N O S T I L U K A J Z
P U S P O Z N A J E I A U E A
R O K A N A T S A S L Y B D C
O Z N O P O D S V E S T F I I
C P H S B P K T P V I N U A J
E S N B E A J I C O M E K J A
N E J A A V T S J N I T E D Y
A И Y H S C S Z E S A I I Y J
И K J D Y N P E K Č I N I L K
A F A Y P G P O N A Š A N J E
```

SASTANAK	DETINJSTVA
KLINIČKE	MISLI
SPOZNAJE	PERCEPCIJE
PONAŠANJE	LIČNOSTI
SUKOBA	PROBLEM
EGO	REALNOST
EMOCIJA	SENZACIJA
PROCENA	PODSVEST
IDEJE	SNOVE
NESVESNO	TERAPIJA

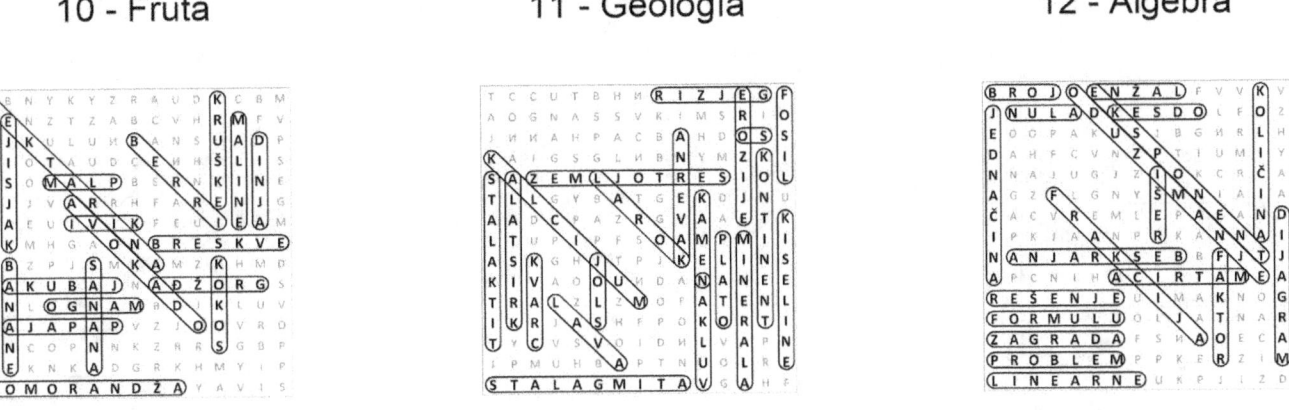

1 - Agua

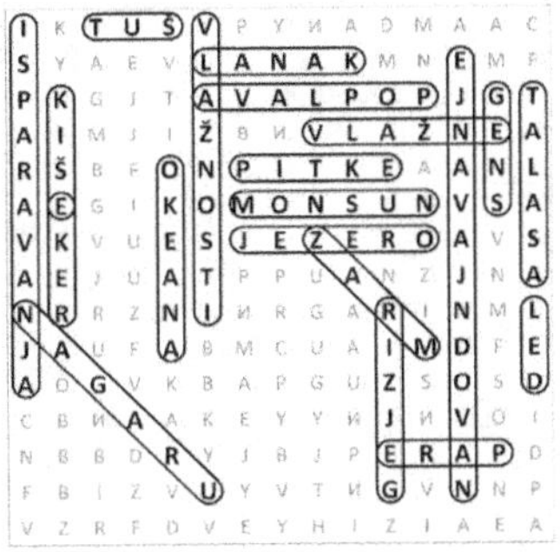

2 - Arqueología

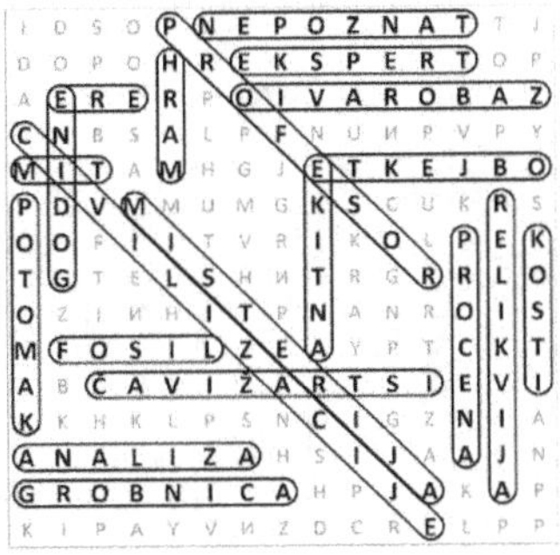

3 - Granja #2

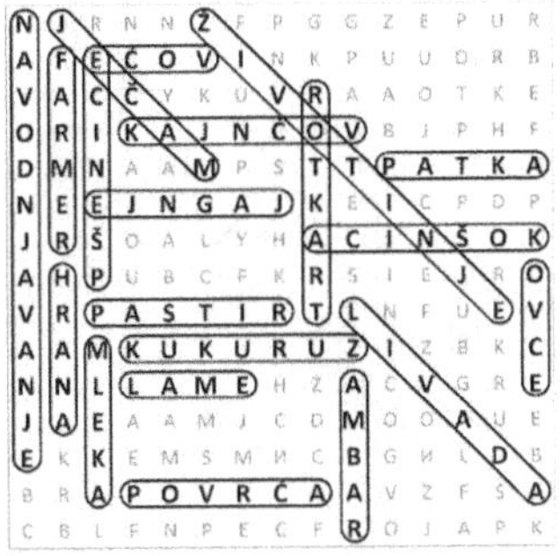

4 - La Empresa

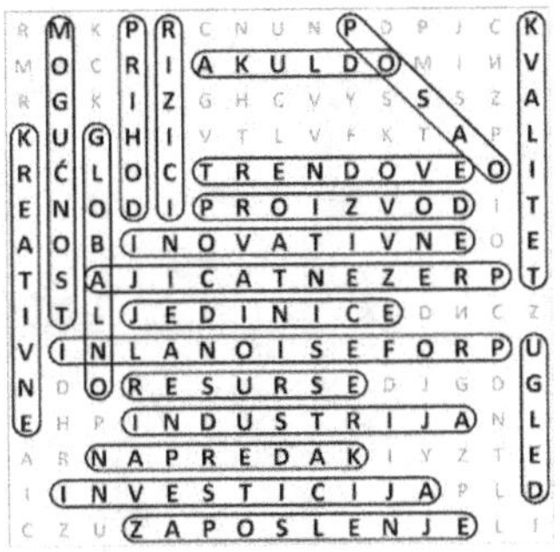

5 - Aviones

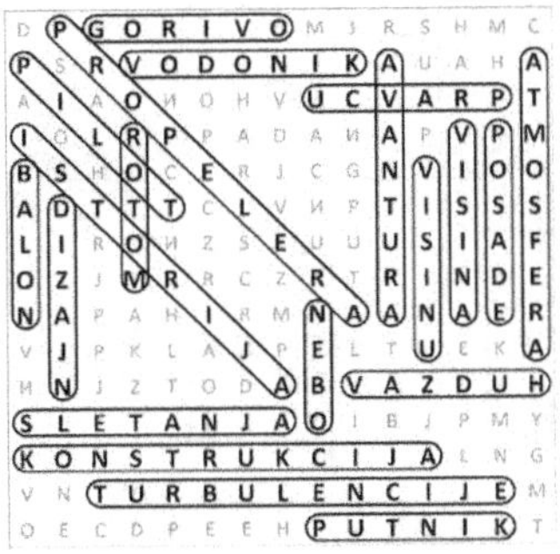

6 - Tipos de Cabello

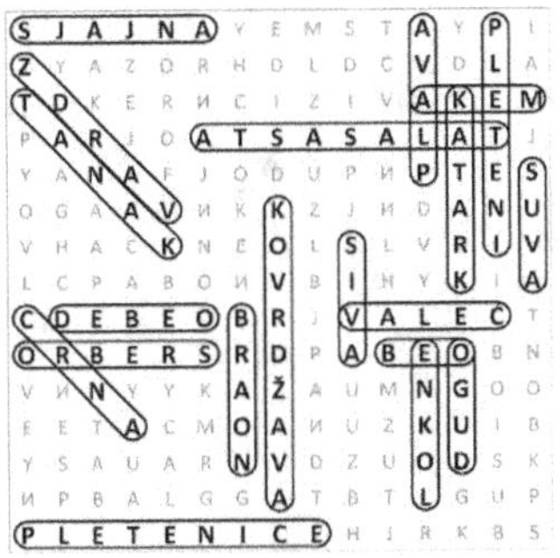

7 - Ciencia Ficción

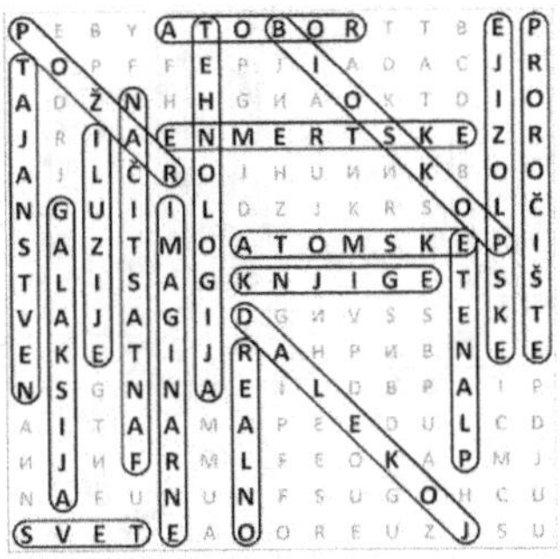

8 - Granja #1

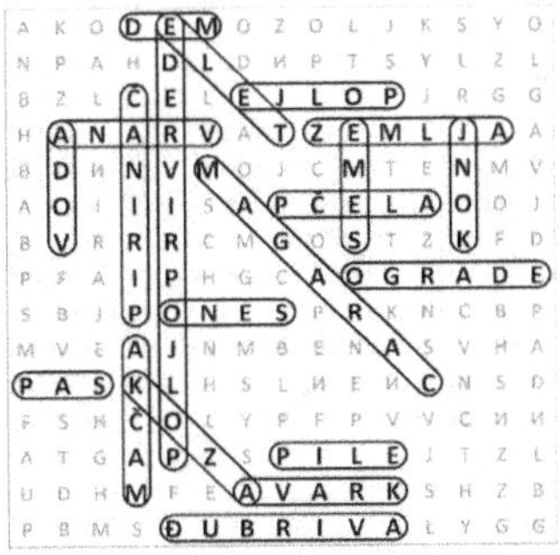

9 - Camping

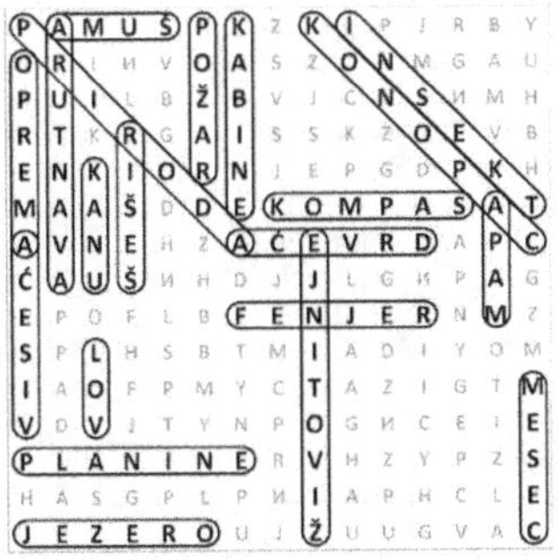

10 - Fruta

11 - Geología

12 - Álgebra

13 - Plantas

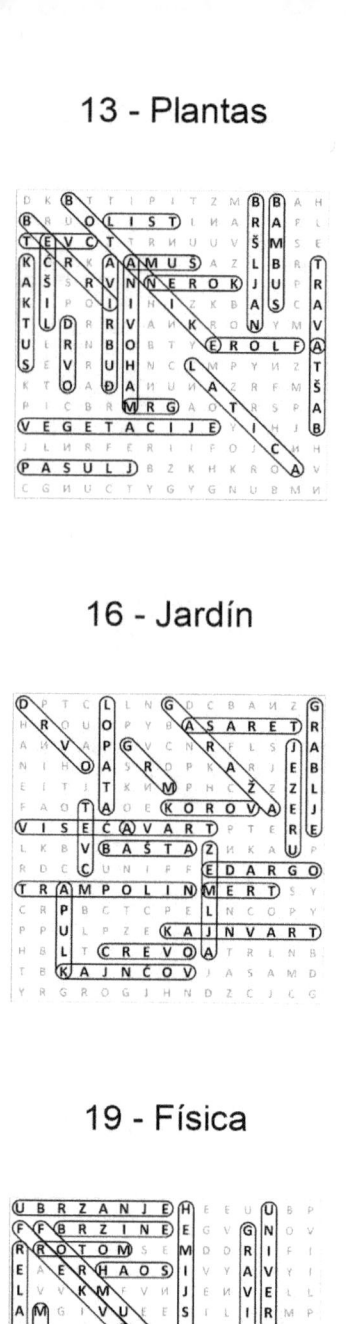

14 - Suministros de Arte

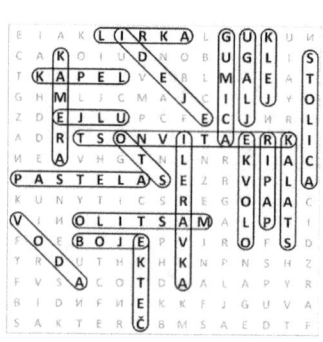

15 - Negocio

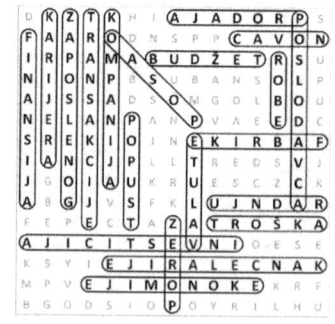

16 - Jardín

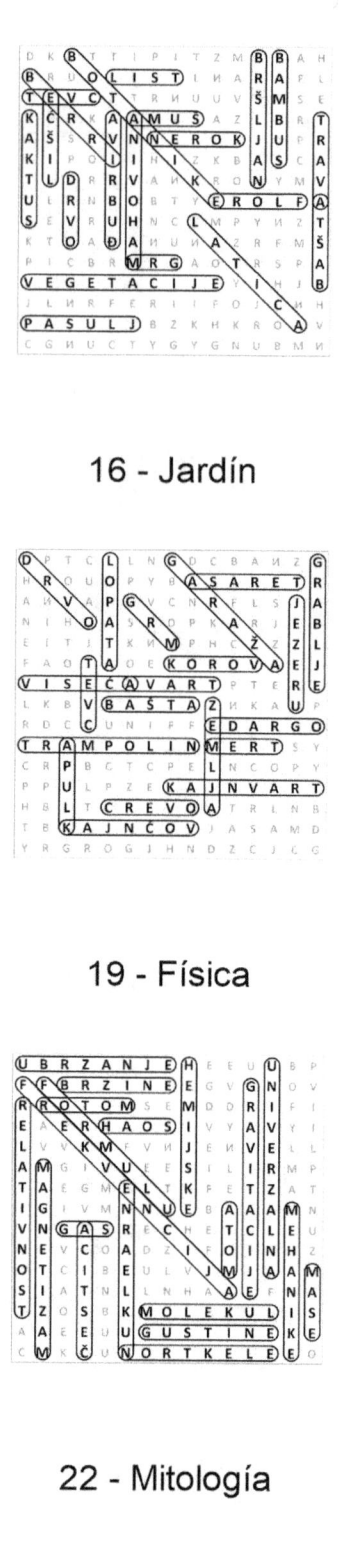

17 - Países #2

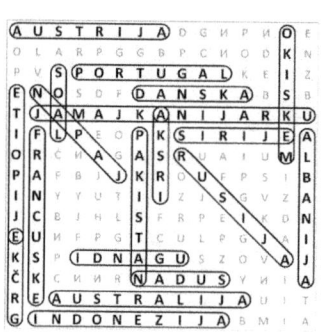

18 - Números

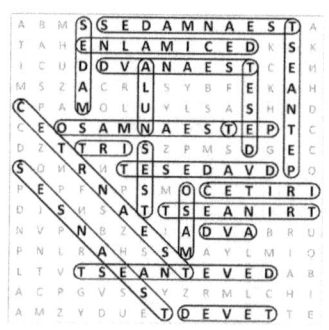

19 - Física

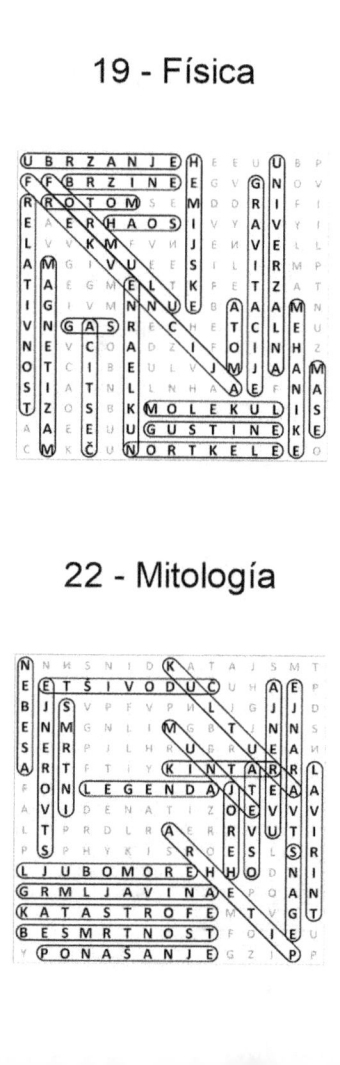

20 - Belleza

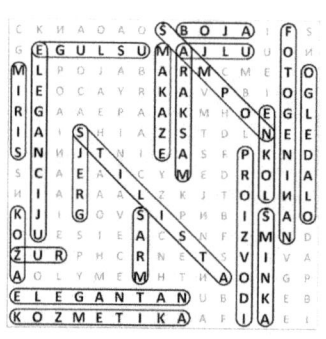

21 - Países #1

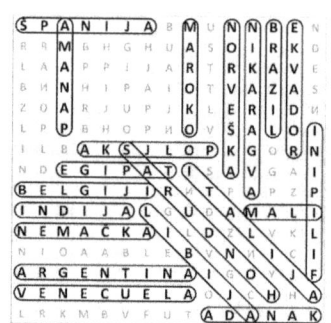

22 - Mitología

23 - Ecología

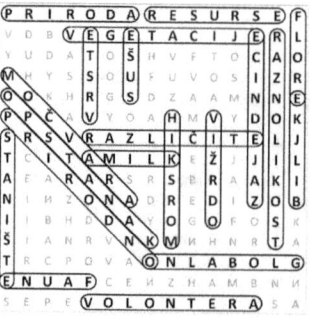

24 - Casa

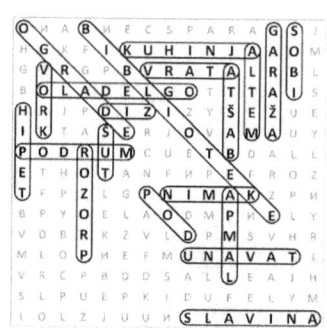

25 - Artes Visuales

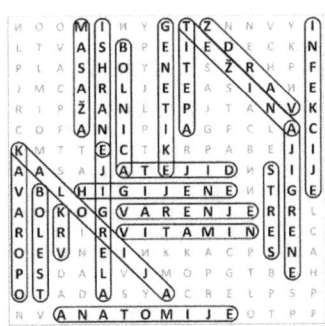

26 - Salud y Bienestar #2

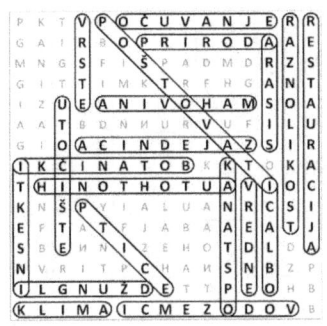

27 - Selva Tropical

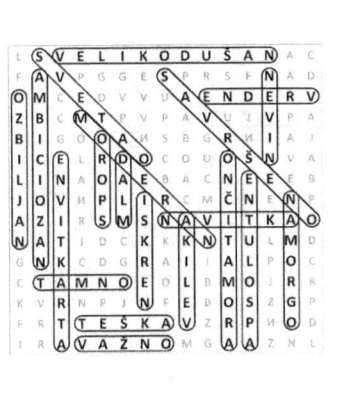

28 - Adjetivos #1

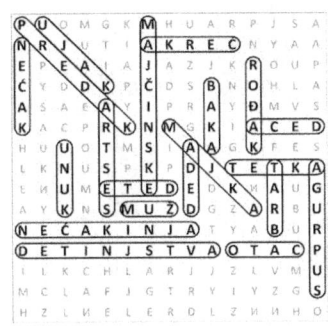

29 - Familia

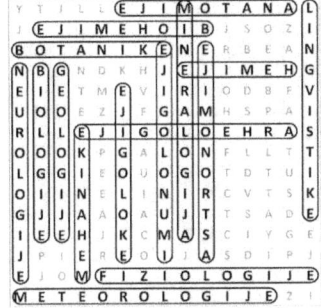

30 - Disciplinas Científicas

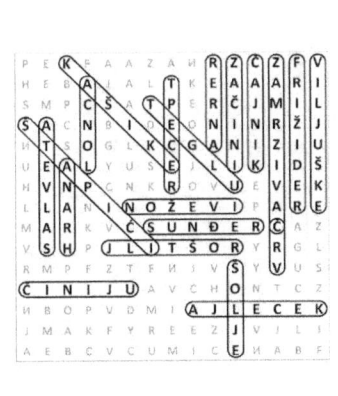

31 - Cocina

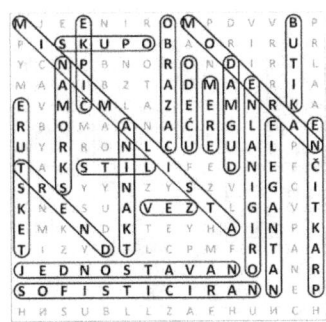

32 - Moda

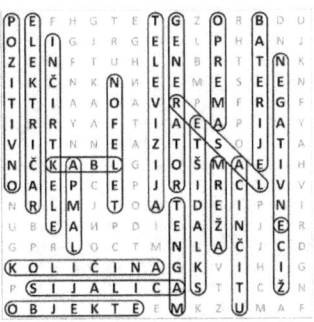

33 - Electricidad

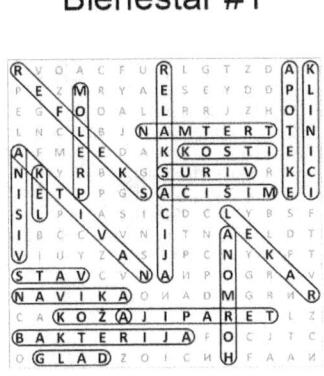

34 - Salud y Bienestar #1

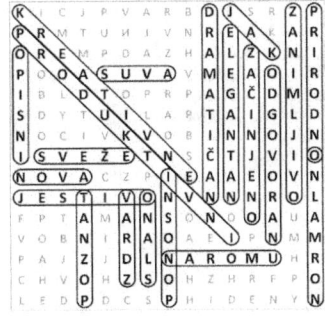

35 - Adjetivos #2

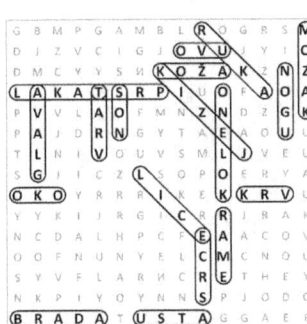

36 - Cuerpo Humano

37 - Calentamiento Gl

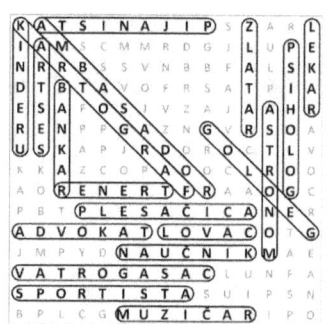

38 - Ciencia

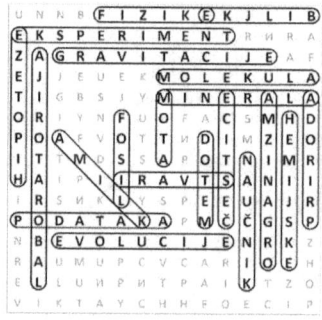

39 - Restaurante #2

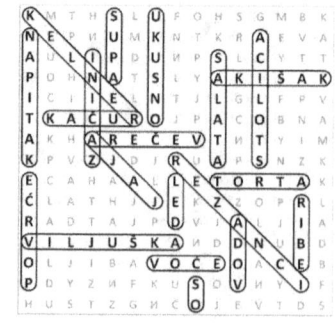

40 - Profesiones #1

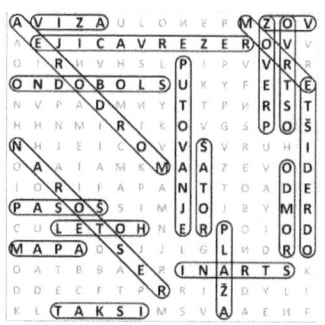

41 - Vehículos

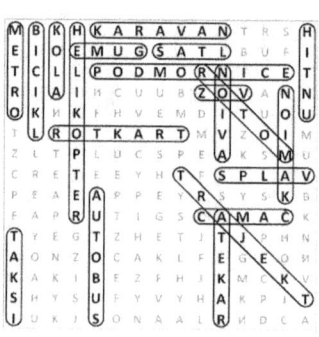

42 - Geometría

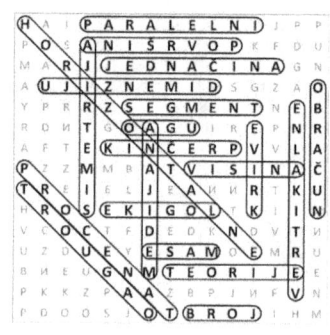

43 - Vacaciones #2

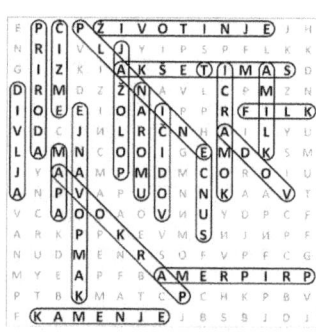

44 - Matemáticas

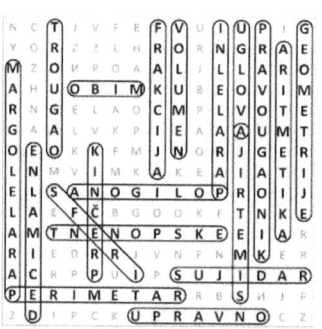

45 - Profesiones #2

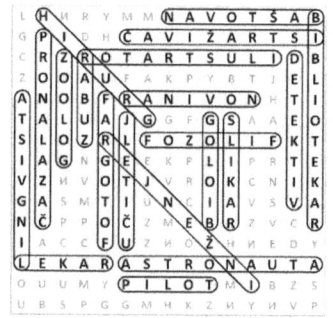

46 - Senderismo

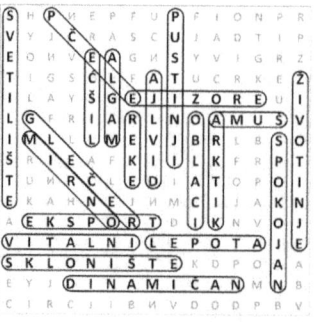

47 - Naturaleza

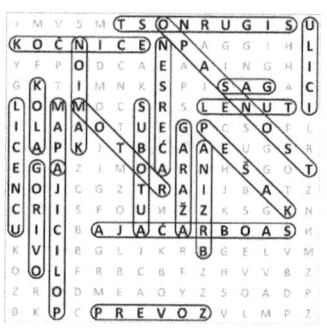

48 - Conduciendo

49 - Ballet

50 - Fuerza y Gravedad

51 - Aventura

52 - Pájaros

53 - Geografía

54 - Música

55 - Enfermedad

56 - Actividades

57 - Verduras

58 - Instrumentos Musicales

59 - Formas

60 - Flores

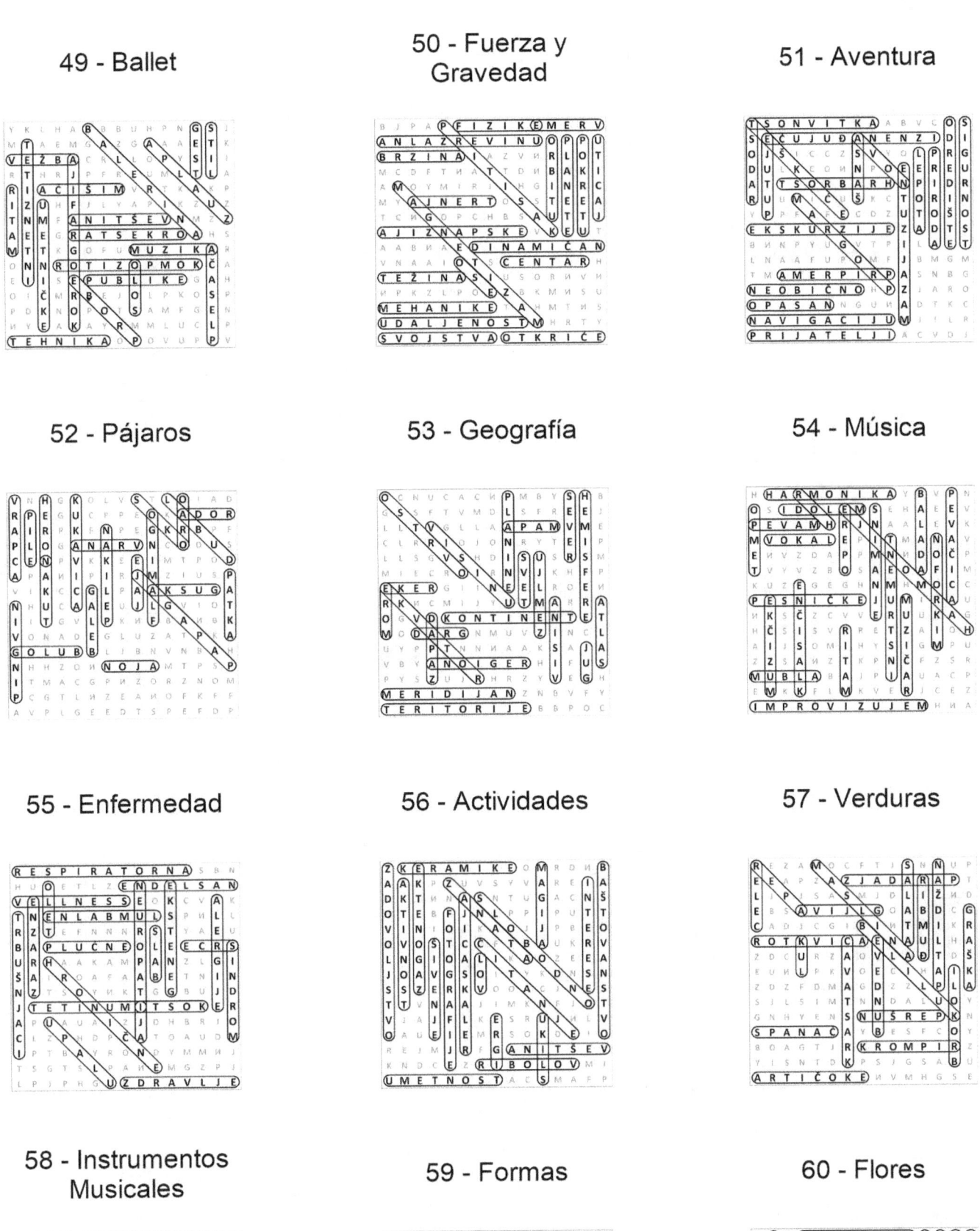

61 - Astronomía

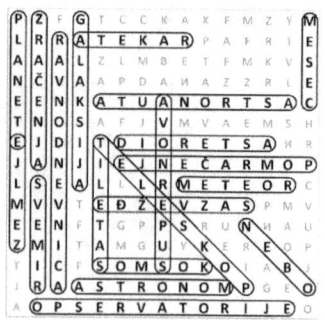

62 - Tiempo

63 - Paisajes

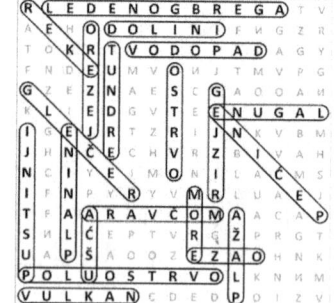

64 - Días y Meses

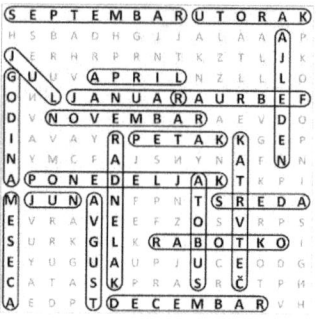

65 - Biología

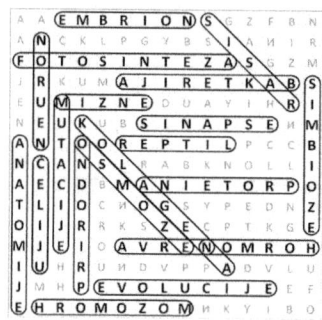

66 - Jardinería

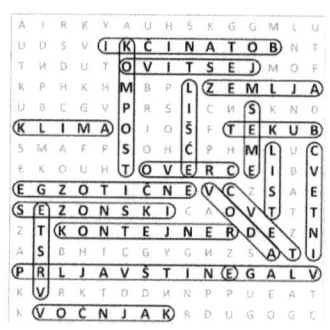

67 - Barbacoas

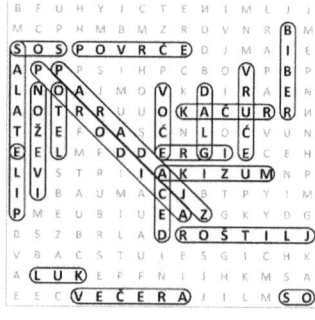

68 - Ropa

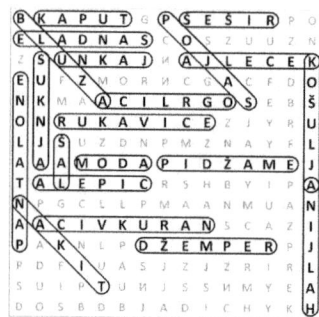

69 - Meditación

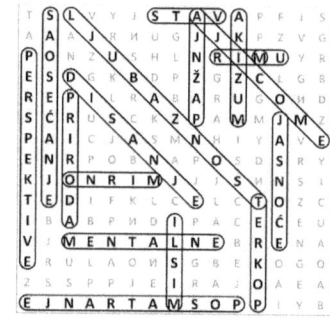

70 - Libros

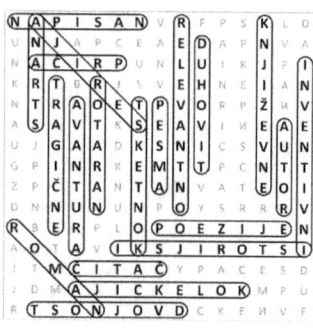

71 - Los Medios de Comunicación

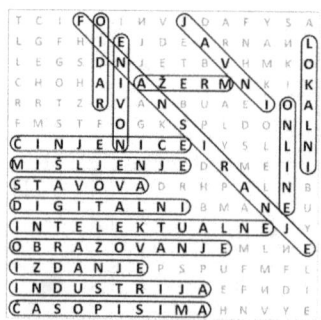

72 - Nutrición

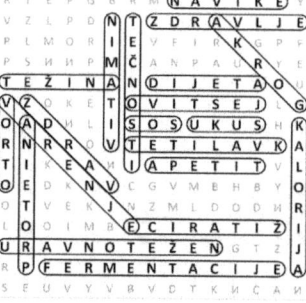

73 - Edificios

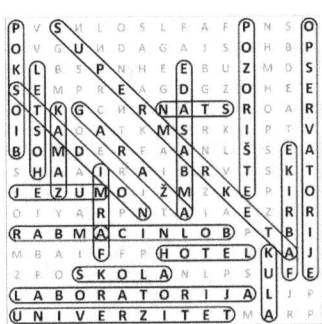

74 - Océano

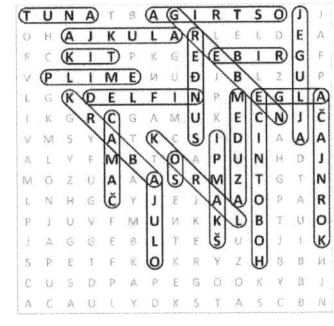

75 - Ciudad

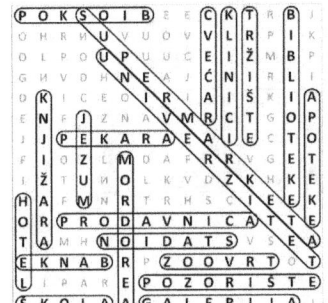

76 - Agronomía

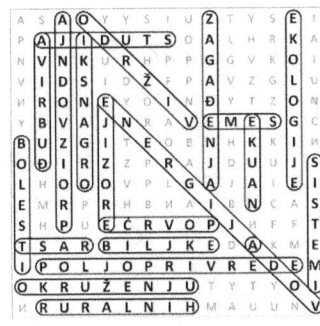

77 - Actividades y Ocio

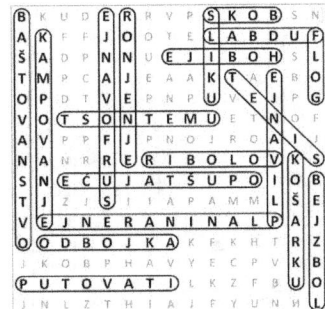

78 - Ingeniería

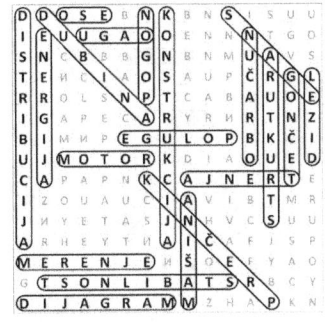

79 - Comida #1

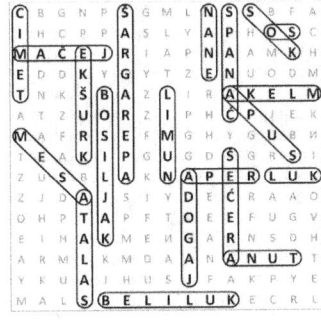

80 - Antigüedades

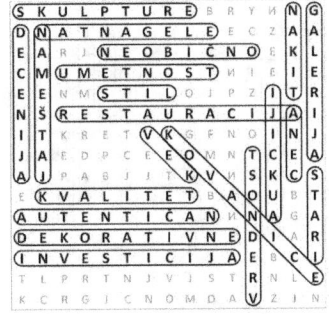

81 - Literatura

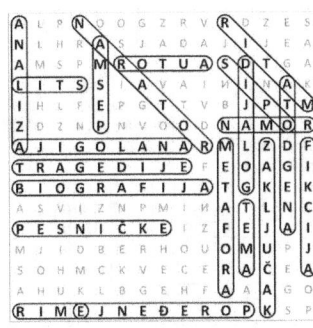

82 - Química

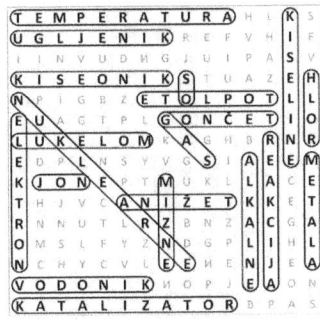

83 - Gobierno

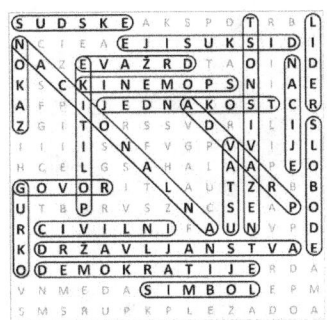

84 - Creatividad

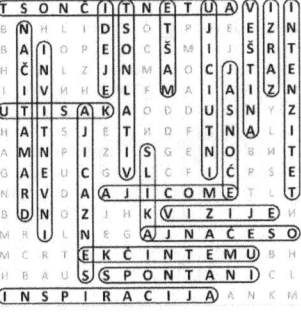

85 - Clima

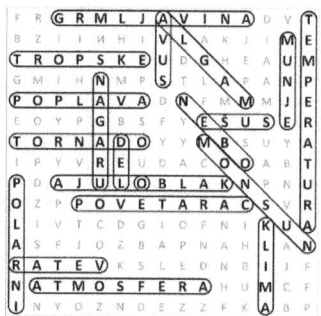

86 - Comida #2

87 - Arte

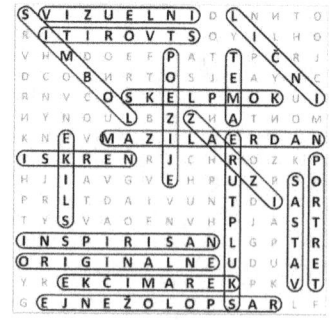

88 - Diplomacia

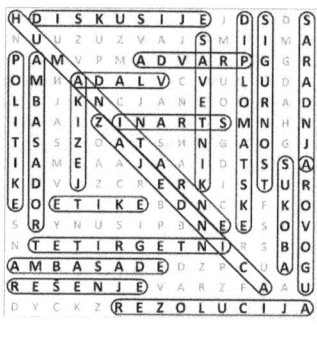

89 - Herboristería

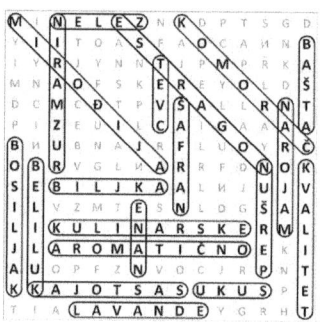

90 - Energía

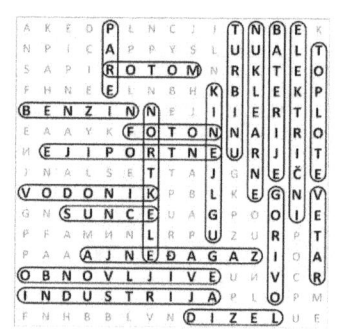

91 - Especias

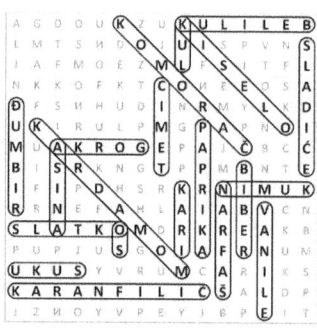

92 - Emociones

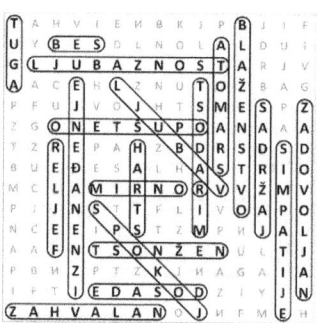

93 - Universo

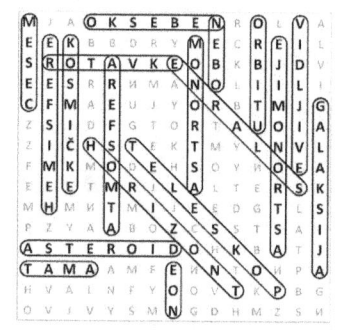

94 - Jazz

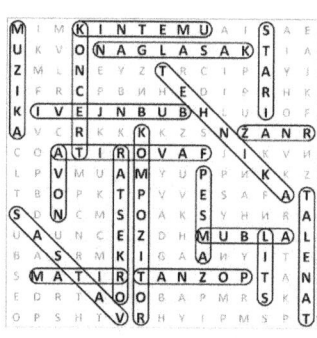

95 - Mediciones

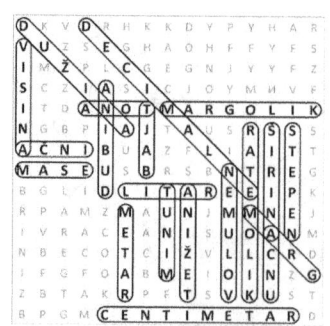

96 - Barcos

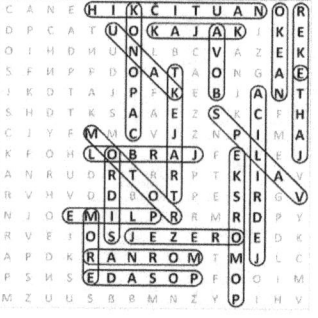

97 - Antártida

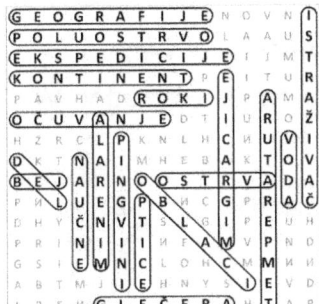

98 - Mamíferos

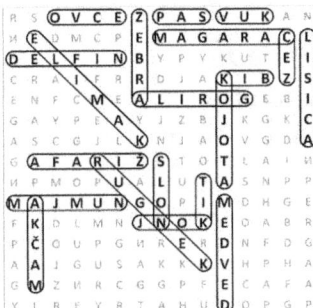

99 - Abejas

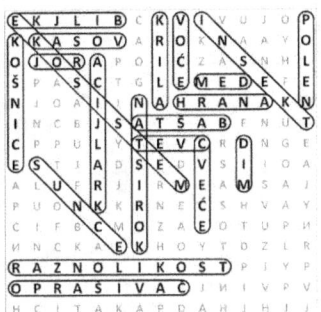

100 - Psicología

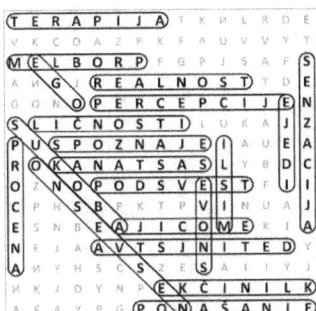

Diccionario

Abejas
Pčele

Alas	Krila
Beneficioso	Koristan
Cera	Vosak
Colmena	Košnice
Comida	Hrana
Diversidad	Raznolikost
Ecosistema	Ekosistem
Enjambre	Roj
Flor	Cvet
Flores	Cveće
Fruta	Voće
Humo	Dim
Insecto	Insekt
Jardín	Bašta
Miel	Med
Plantas	Biljke
Polen	Polen
Polinizador	Oprašivač
Reina	Kraljica
Sol	Sunce

Actividades
Aktivnosti

Actividad	Aktivnost
Arte	Umetnost
Artesanía	Zanata
Caza	Lov
Cerámica	Keramike
Costura	Šivenje
Fotografía	Fotografije
Habilidad	Veština
Intereses	Interese
Jardinería	Baštovanstvo
Juegos	Igre
Lectura	Čitanje
Magia	Magija
Ocio	Slobodno
Pesca	Ribolov
Pintura	Sliku
Placer	Zadovoljstvo
Relajación	Relaksacija
Rompecabezas	Zagonetke
Senderismo	Planinarenje

Actividades y Ocio
Aktivnosti i Slobodno Vr

Aficiones	Hobije
Arte	Umetnost
Baloncesto	Košarku
Béisbol	Bejzbol
Boxeo	Boks
Buceo	Ronjenje
Camping	Kampovanje
Fútbol	Fudbal
Golf	Golf
Jardinería	Baštovanstvo
Natación	Plivanje
Pesca	Ribolov
Pintura	Sliku
Relajante	Opuštajuće
Senderismo	Planinarenje
Surf	Surfovanje
Tenis	Tenis
Viaje	Putovati
Voleibol	Odbojka

Adjetivos #1
Придеви Бр.

Absoluto	Apsolutne
Activo	Aktivan
Ambicioso	Ambiciozan
Aromático	Aromatično
Atractivo	Atraktivne
Brillante	Svetao
Enorme	Ogroman
Generoso	Velikodušan
Grande	Velika
Honesto	Iskren
Importante	Važno
Inocente	Nevin
Joven	Mlad
Lento	Sporo
Moderno	Moderan
Oscuro	Tamno
Perfecto	Savršeno
Pesado	Teška
Serio	Ozbiljan
Valioso	Vredne

Adjetivos #2
Придеви Бр.

Cansado	Umoran
Comestible	Jestivo
Creativo	Kreativne
Descriptivo	Opisni
Dramático	Dramatičan
Elegante	Elegantan
Famoso	Poznat
Fresco	Sveže
Fuerte	Jak
Interesante	Zanimljivo
Natural	Prirodno
Normal	Normalno
Nuevo	Nova
Orgulloso	Ponosni
Picante	Začinjeno
Productivo	Produktivni
Responsable	Odgovoran
Salado	Slano
Saludable	Zdrav
Seco	Suva

Agronomía
Agronomija

Agricultura	Poljoprivrede
Agua	Voda
Ciencia	Nauke
Contaminación	Zagađenja
Crecimiento	Rast
Ecología	Ekologije
Energía	Energija
Enfermedades	Bolesti
Erosión	Erozije
Estudio	Studija
Fertilizante	Đubriva
Medio Ambiente	Okruženju
Orgánico	Organski
Plantas	Biljke
Producción	Proizvodnja
Rural	Ruralnih
Semillas	Seme
Sistemas	Sistemi
Sostenible	Održiv
Verduras	Povrće

Agua
Voda

Canal	Kanal
Ducha	Tuš
Evaporación	Isparavanja
Géiser	Gejzir
Helada	Mraz
Hielo	Led
Humedad	Vlažnosti
Huracán	Uragan
Húmedo	Vlažne
Inundación	Poplava
Lago	Jezero
Lluvia	Kiše
Monzón	Monsun
Nieve	Sneg
Océano	Okeana
Olas	Talasa
Potable	Pitke
Riego	Navodnjavanje
Río	Reke
Vapor	Pare

Antártida
Антарктика

Agua	Voda
Bahía	Bej
Científico	Naučne
Conservación	Očuvanje
Continente	Kontinent
Expedición	Ekspedicije
Geografía	Geografije
Glaciares	Glečera
Hielo	Led
Investigador	Istraživač
Islas	Ostrva
Migración	Migracije
Minerales	Minerala
Nubes	Oblaci
Pájaros	Ptice
Península	Poluostrvo
Pingüinos	Pingvini
Rocoso	Roki
Temperatura	Temperatura
Topografía	Topografije

Antigüedades
Antikviteti

Arte	Umetnost
Auténtico	Autentičan
Calidad	Kvalitet
Decorativo	Dekorativne
Décadas	Decenija
Elegante	Elegantan
Escultura	Skulpture
Estilo	Stil
Galería	Galerija
Inusual	Neobično
Inversión	Investicija
Joyas	Nakit
Monedas	Kovanice
Mueble	Nameštaj
Precio	Cena
Restauración	Restauracija
Siglo	Vek
Subasta	Aukciji
Valor	Vrednost
Viejo	Stari

Arqueología
Arheologija

Análisis	Analiza
Antigüedad	Antike
Años	Godine
Civilización	Civilizacije
Descendiente	Potomak
Desconocido	Nepoznat
Equipo	Tim
Era	Ere
Evaluación	Procena
Experto	Ekspert
Fósil	Fosil
Huesos	Kosti
Investigador	Istraživač
Misterio	Misterija
Objetos	Objekte
Olvidado	Zaboravio
Profesor	Profesor
Reliquia	Relikvija
Templo	Hram
Tumba	Grobnica

Arte
Umetnost

Cerámica	Keramičke
Complejo	Kompleks
Composición	Sastav
Crear	Stvoriti
Escultura	Skulpture
Expresión	Izraz
Honesto	Iskren
Humor	Raspoloženje
Inspirado	Inspirisan
Original	Originalne
Personal	Lični
Pinturas	Slike
Poesía	Poezije
Retratar	Portret
Sencillo	Jednostavan
Símbolo	Simbol
Surrealismo	Nadrealizam
Tema	Tema
Visual	Vizuelni

Artes Visuales
Vizuelne Umetnosti

Arcilla	Gline
Arquitectura	Arhitektura
Artista	Umetnik
Barniz	Lak
Caballete	Stalak
Carbón	Ugalj
Cera	Vosak
Cerámica	Keramike
Composición	Sastav
Creatividad	Kreativnost
Escultura	Skulpture
Fotografía	Fotografija
Lápiz	Olovka
Obra Maestra	Remek-Delo
Película	Film
Perspectiva	Perspektive
Pintura	Slikarstvo
Plantilla	Šablon
Retrato	Portret
Tiza	Krede

Astronomía
Astronomija

Asteroide	Asteroid
Astronauta	Astronauta
Astrónomo	Astronom
Cielo	Nebo
Cohete	Raketa
Constelación	Sazvežđe
Cosmos	Kosmos
Eclipse	Pomračenje
Equinoccio	Ravnodnevnica
Galaxia	Galaksija
Luna	Mesec
Meteoro	Meteor
Observatorio	Opservatorije
Planeta	Planete
Radiación	Zračenja
Satélite	Satelit
Supernova	Supernova
Telescopio	Teleskop
Tierra	Zemlje
Universo	Svemir

Aventura
Avantura

Actividad	Aktivnost
Alegría	Radost
Amigos	Prijatelji
Belleza	Lepota
Destino	Odredište
Dificultad	Teškoće
Entusiasmo	Entuzijazam
Excursión	Ekskurzije
Inusual	Neobično
Itinerario	Program
Naturaleza	Priroda
Navegación	Navigaciju
Nuevo	Nova
Oportunidad	Šansa
Peligroso	Opasan
Preparación	Priprema
Seguridad	Sigurnost
Sorprendente	Iznenađujuće
Valentía	Hrabrost
Viajes	Putuje

Aviones
Avioni

Aire	Vazduh
Altitud	Visinu
Altura	Visina
Aterrizaje	Sletanja
Atmósfera	Atmosfera
Aventura	Avantura
Cielo	Nebo
Combustible	Gorivo
Construcción	Konstrukcija
Dirección	Pravcu
Diseño	Dizajn
Globo	Balon
Hélices	Propelera
Hidrógeno	Vodonik
Historia	Istorija
Motor	Motor
Pasajero	Putnik
Piloto	Pilot
Tripulación	Posade
Turbulencia	Turbulencije

Álgebra
Algebra

Cantidad	Količina
Cero	Nula
Diagrama	Dijagram
División	Odsek
Ecuación	Jednačina
Exponente	Eksponent
Factor	Faktor
Falso	Lažne
Fórmula	Formulu
Fracción	Frakcija
Infinito	Beskrajna
Lineal	Linearne
Matriz	Matrica
Número	Broj
Paréntesis	Zagrada
Problema	Problem
Resolver	Reši
Resta	Oduzimanje
Solución	Rešenje
Variable	Promenljiva

Ballet
Balet

Aplauso	Aplauz
Artístico	Umetničke
Audiencia	Publike
Bailarina	Balerina
Bailarines	Plesača
Compositor	Kompozitor
Coreografía	Koreografija
Ensayo	Probe
Estilo	Stil
Expresivo	Izražajan
Gesto	Gest
Habilidad	Veština
Intensidad	Intenzitet
Músculos	Mišića
Música	Muzika
Orquesta	Orkestar
Práctica	Vežba
Ritmo	Ritam
Solo	Solo
Técnica	Tehnika

Barbacoas
Роштиљ

Almuerzo	Ručak
Caliente	Vruće
Cebollas	Luk
Cena	Večera
Cuchillos	Noževi
Ensaladas	Salate
Familia	Porodica
Fruta	Voće
Hambre	Glad
Juegos	Igre
Música	Muzika
Niños	Deca
Parrilla	Roštilj
Pimienta	Biber
Pollo	Pile
Sal	So
Salsa	Sos
Tomates	Paradajz
Verano	Leto
Verduras	Povrće

Barcos
Brodovi

Ancla	Sidro
Balsa	Splav
Boya	Bova
Canoa	Kanu
Cuerda	Konopac
Ferry	Trajekt
Kayak	Kajak
Lago	Jezero
Mar	More
Marea	Plime
Marinero	Mornar
Marítimo	Pomorske
Mástil	Jarbol
Motor	Motor
Náutico	Nautičkih
Océano	Okean
Río	Reke
Tripulación	Posade
Velero	Jedrilica
Yate	Jahte

Belleza
Lepota

Aceites	Ulja
Champú	Šampon
Color	Boja
Cosméticos	Kozmetika
Elegancia	Eleganciju
Elegante	Elegantan
Encanto	Šarm
Espejo	Ogledalo
Estilista	Stilista
Fotogénico	Fotogeniʋan
Fragancia	Miris
Gracia	Grejs
Maquillaje	Šminka
Piel	Koža
Pintalabios	Ruž
Productos	Proizvodi
Rizos	Lokne
Rímel	Maskara
Servicios	Usluge
Tijeras	Makaze

Biología
Biologija

Anatomía	Anatomije
Bacterias	Bakterija
Celda	Ćeliju
Colágeno	Kolagena
Cromosoma	Hromozom
Embrión	Embrion
Enzima	Enzim
Evolución	Evolucije
Fotosíntesis	Fotosinteza
Hormona	Hormon
Mamífero	Sisar
Mutación	Mutacije
Natural	Prirodno
Nervio	Nerva
Neurona	Neuron
Ósmosis	Osmoze
Proteína	Proteina
Reptil	Reptil
Simbiosis	Simbioze
Sinapsis	Sinapse

Calentamiento Global
Globalno Zagrevanje

Ahora	Sada
Ambiental	Ekološka
Atención	Pažnja
Ártico	Arktik
Científico	Naučnik
Clima	Klima
Consecuencias	Posledice
Crisis	Krize
Datos	Podataka
Desarrollo	Razvoj
Energía	Energija
Futuro	Budućnost
Gas	Gas
Generaciones	Generacije
Gobierno	Vlada
Industria	Industrija
Internacional	Međunarodni
Legislación	Zakona
Poblaciones	Populacije
Temperaturas	Temperature

Camping
Kampovanje

Animales	Životinje
Aventura	Avantura
Árboles	Drveća
Bosque	Šuma
Brújula	Kompas
Cabina	Kabine
Canoa	Kanu
Caza	Lov
Cuerda	Konopac
Equipo	Oprema
Fuego	Požar
Hamaca	Viseća
Insecto	Insekt
Lago	Jezero
Linterna	Fenjer
Luna	Mesec
Mapa	Mapa
Montaña	Planine
Naturaleza	Priroda
Sombrero	Šešir

Casa
Kuća

Alfombra	Tepih
Ático	Tavanu
Biblioteca	Biblioteke
Chimenea	Kamin
Cocina	Kuhinja
Dormitorio	Sobi
Ducha	Tuš
Escoba	Metla
Espejo	Ogledalo
Garaje	Garaža
Grifo	Slavina
Jardín	Bašta
Lámpara	Lampa
Pared	Zid
Piso	Pod
Puerta	Vrata
Sótano	Podrum
Techo	Krov
Valla	Ograde
Ventana	Prozor

Ciencia
Nauka

Átomo	Atom
Científico	Naučnik
Clima	Klima
Datos	Podataka
Evolución	Evolucije
Experimento	Eksperiment
Física	Fizike
Fósil	Fosil
Gravedad	Gravitacije
Hecho	Stvari
Hipótesis	Hipoteze
Laboratorio	Laboratorija
Método	Metod
Minerales	Minerala
Moléculas	Molekula
Naturaleza	Priroda
Organismo	Organizma
Partículas	Čestice
Plantas	Biljke
Químico	Hemijske

Ciencia Ficción
Naučna Fantastika

Atómico	Atomske
Cine	Bioskop
Distante	Dalekoj
Explosión	Eksplozije
Extremo	Ekstremne
Fantástico	Fantastičan
Fuego	Požar
Futurista	Futuristički
Galaxia	Galaksija
Ilusión	Iluzije
Imaginario	Imaginarne
Libros	Knjige
Misterioso	Tajanstven
Mundo	Svet
Oráculo	Proročište
Planeta	Planete
Realista	Realno
Robots	Robota
Tecnología	Tehnologija
Utopía	Utopije

Ciudad
Grad

Aeropuerto	Aerodrom
Banco	Banke
Biblioteca	Biblioteke
Cine	Bioskop
Clínica	Klinici
Escuela	Škola
Estadio	Stadion
Farmacia	Apoteke
Florista	Cvećar
Galería	Galerija
Hotel	Hotel
Librería	Knjižara
Mercado	Tržište
Museo	Muzej
Panadería	Pekara
Supermercado	Supermarketa
Teatro	Pozorište
Tienda	Prodavnica
Universidad	Univerzitet
Zoo	Zoo Vrt

Clima
Vreme

Atmósfera	Atmosfera
Brisa	Povetarac
Cielo	Nebo
Clima	Klima
Hielo	Led
Huracán	Uragan
Inundación	Poplava
Monzón	Monsun
Niebla	Magla
Nube	Oblak
Polar	Polarni
Rayo	Munje
Seco	Suva
Sequía	Suše
Temperatura	Temperatura
Tormenta	Oluja
Tornado	Tornado
Tropical	Tropske
Trueno	Grmljavina
Viento	Vetar

Cocina
Kuhinja

Caldera	Čajnik
Comida	Hrana
Congelador	Zamrzivač
Cucharas	Kašike
Cucharón	Lonca
Cuchillos	Noževi
Delantal	Kecelja
Especias	Začini
Esponja	Sunđer
Horno	Rerna
Jarra	Vrč
Palillos	Štapići
Parrilla	Roštilj
Receta	Recept
Refrigerador	Frižider
Servilleta	Salveta
Tarro	Teglu
Tazas	Šolje
Tazón	Činiju
Tenedores	Viljuške

Comida #1
Храна Бр.

Ajo	Beli Luk
Albahaca	Bosiljak
Atún	Tuna
Azúcar	Šećera
Canela	Cimet
Carne	Mesa
Cebada	Ječam
Cebolla	Luk
Ensalada	Salata
Espinacas	Spanać
Fresa	Jagoda
Jugo	Sok
Leche	Mleka
Limón	Limun
Menta	Nane
Nabo	Repa
Pera	Kruške
Sal	So
Sopa	Supa
Zanahoria	Šargarepa

Comida #2
Храна # 2

Alcachofa	Artičoke
Almendra	Badem
Apio	Celer
Arroz	Pirinač
Berenjena	Patlidžan
Cereza	Višnje
Chocolate	Čokolada
Girasol	Suncokret
Huevo	Jaje
Jengibre	Đumbir
Kiwi	Kivi
Manzana	Jabuka
Pan	Hleb
Plátano	Banane
Pollo	Pile
Queso	Sir
Tomate	Paradajz
Trigo	Pšenice
Uva	Grožđa
Yogur	Jogurt

Conduciendo
Vožnja

Accidente	Nesreća
Autobús	Autobus
Calle	Ulici
Camión	Kamion
Coche	Kola
Combustible	Gorivo
Frenos	Kočnice
Garaje	Garaža
Gas	Gas
Licencia	Licencu
Mapa	Mapa
Motocicleta	Motor
Peatonal	Pešak
Peligro	Opasnost
Policía	Policija
Seguridad	Sigurnost
Transporte	Prevoz
Tráfico	Saobraćaja
Túnel	Tunel
Velocidad	Brzina

Creatividad
Kreativnost

Artístico	Umetničke
Autenticidad	Autentičnost
Claridad	Jasnoće
Dramático	Dramatičan
Emociones	Emocija
Espontáneo	Spontani
Expresión	Izraz
Habilidad	Veština
Ideas	Ideje
Imagen	Slika
Imaginación	Mašte
Impresión	Utisak
Inspiración	Inspiracija
Intensidad	Intenzitet
Intuición	Intuiciju
Inventivo	Inventivni
Sensación	Senzacija
Sentimientos	Osećanja
Visiones	Vizije
Vitalidad	Vitalnost

Cuerpo Humano
Ljudsko Telo

Barbilla	Brada
Boca	Usta
Cabeza	Glava
Cara	Lice
Cerebro	Mozak
Codo	Lakat
Corazón	Srce
Cuello	Vrat
Dedo	Prst
Hombro	Rame
Lengua	Jezik
Mano	Ruka
Nariz	Nos
Ojo	Oko
Oreja	Uvo
Piel	Koža
Pierna	Nogu
Rodilla	Koleno
Sangre	Krv
Tobillo	Skočni Zglob

Diplomacia
Diplomatija

Asesor	Savetnik
Comunidad	Zajednica
Conflicto	Sukoba
Cooperación	Saradnja
Diplomático	Diplomatske
Discusión	Diskusije
Embajada	Ambasade
Embajador	Ambasador
Extranjero	Strani
Ética	Etike
Gobierno	Vlada
Humanitario	Humanitarne
Idiomas	Jezika
Integridad	Integritet
Justicia	Pravda
Política	Politike
Resolución	Rezolucija
Seguridad	Sigurnost
Solución	Rešenje
Tratado	Ugovora

Disciplinas Científicas
Naučne Discipline

Anatomía	Anatomije
Arqueología	Arheologije
Astronomía	Astronomije
Biología	Biologije
Bioquímica	Biohemije
Botánica	Botanike
Ecología	Ekologije
Fisiología	Fiziologije
Geología	Geologije
Inmunología	Imunologije
Lingüística	Lingvistike
Mecánica	Mehanike
Meteorología	Meteorologije
Mineralogía	Mineralogija
Neurología	Neurologije
Psicología	Psihologije
Química	Hemije
Sociología	Sociologije
Termodinámica	Termodinamike
Zoología	Zoologije

Días y Meses
Dani i Meseci

Abril	April
Agosto	Avgust
Año	Godina
Calendario	Kalendar
Diciembre	Decembar
Domingo	Subota
Enero	Januar
Febrero	Februar
Jueves	Četvrtak
Julio	Jul
Junio	Jun
Lunes	Ponedeljak
Martes	Utorak
Mes	Meseca
Miércoles	Sreda
Noviembre	Novembar
Octubre	Oktobar
Semana	Nedelja
Septiembre	Septembar
Viernes	Petak

Ecología
Ekologija

Clima	Klima
Comunidades	Zajednice
Diversidad	Raznolikost
Especie	Vrste
Fauna	Faune
Flora	Flore
Global	Globalno
Hábitat	Stanište
Marino	Morskih
Natural	Prirodno
Naturaleza	Priroda
Pantano	Močvara
Plantas	Biljke
Recursos	Resurse
Sequía	Suše
Sostenible	Održiv
Supervivencia	Opstanak
Variedad	Različite
Vegetación	Vegetacije
Voluntarios	Volontera

Edificios
Zgrade

Albergue	Hostel
Apartamento	Stan
Castillo	Zamak
Cine	Bioskop
Embajada	Ambasade
Escuela	Škola
Estadio	Stadion
Fábrica	Fabrike
Garaje	Garaža
Granero	Ambar
Granja	Farmi
Hospital	Bolnica
Hotel	Hotel
Laboratorio	Laboratorija
Museo	Muzej
Observatorio	Opservatorije
Supermercado	Supermarketa
Teatro	Pozorište
Torre	Kula
Universidad	Univerzitet

Electricidad
Електрична Енергија

Almacenamiento	Skladište
Batería	Baterije
Bombilla	Sijalica
Cable	Kabl
Cables	Žice
Cantidad	Količina
Electricista	Električar
Eléctrico	Električni
Enchufe	Utičnica
Equipo	Oprema
Generador	Generator
Imán	Magnet
Lámpara	Lampa
Láser	Laser
Negativo	Negativne
Objetos	Objekte
Positivo	Pozitivno
Red	Mreža
Televisión	Televizija
Teléfono	Telefon

Emociones
Emocije

Aburrimiento	Dosade
Agradecido	Zahvalan
Alegría	Radost
Alivio	Reljef
Amor	Ljubav
Avergonzado	Sramota
Beatitud	Blaženstvo
Bondad	Ljubaznost
Calma	Mirno
Contenido	Sadržaj
Ira	Bes
Miedo	Strah
Paz	Mir
Relajado	Opušteno
Satisfecho	Zadovoljan
Simpatía	Simpatije
Sorpresa	Iznenađenje
Ternura	Nežnost
Tranquilidad	Spokoj
Tristeza	Tuga

Energía
Energija

Batería	Baterije
Calor	Toplote
Carbono	Ugljenik
Combustible	Gorivo
Contaminación	Zagađenja
Diesel	Dizel
Electrón	Elektron
Eléctrico	Električni
Entropía	Entropije
Fotón	Foton
Gasolina	Benzin
Hidrógeno	Vodonik
Industria	Industrija
Motor	Motor
Nuclear	Nuklearne
Renovable	Obnovljive
Sol	Sunce
Turbina	Turbinu
Vapor	Pare
Viento	Vetar

Enfermedad
Bolest

Abdominal	Trbušnjaci
Alergias	Alergije
Bienestar	Vellness
Contagioso	Zarazne
Corazón	Srce
Crónica	Hronične
Cuerpo	Telo
Débil	Slab
Genético	Genetske
Hereditario	Nasledne
Huesos	Kosti
Inflamación	Upalu
Inmunidad	Imunitet
Lumbar	Lumbalne
Neuropatía	Neuropatija
Pulmonar	Plućne
Respiratorio	Respiratorna
Salud	Zdravlje
Síndrome	Sindrom
Terapia	Terapija

Especias
Začini

Agrio	Kiselo
Ajo	Beli Luk
Amargo	Gorka
Anís	Anisa
Azafrán	Šafran
Canela	Cimet
Cardamomo	Kardamom
Cebolla	Luk
Clavo	Karanfilić
Comino	Kumin
Curry	Kari
Dulce	Slatko
Hinojo	Komorač
Jengibre	Đumbir
Pimentón	Paprika
Pimienta	Biber
Regaliz	Sladiće
Sabor	Ukus
Sal	So
Vainilla	Vanile

Familia
Porodica

Abuela	Baka
Abuelo	Deda
Antepasado	Predak
Esposa	Supruga
Hermana	Sestra
Hermano	Brat
Hija	Ćerka
Infancia	Detinjstva
Madre	Majka
Marido	Muž
Materno	Majčinske
Nieto	Unuk
Niño	Dete
Niños	Deca
Padre	Otac
Primo	Rođak
Sobrina	Nećakinja
Sobrino	Nećak
Tía	Tetka
Tío	Ujak

Física
Fizika

Aceleración	Ubrzanje
Átomo	Atom
Caos	Haos
Densidad	Gustine
Electrón	Elektron
Fórmula	Formulu
Frecuencia	Frekvencija
Gas	Gas
Gravedad	Gravitacije
Magnetismo	Magnetizam
Masa	Mase
Mecánica	Mehanike
Molécula	Molekul
Motor	Motor
Nuclear	Nuklearne
Partícula	Čestica
Químico	Hemijske
Relatividad	Relativnost
Universal	Univerzalna
Velocidad	Brzine

Flores
Cveće

Amapola	Maka
Diente de León	Maslačak
Gardenia	Gardenija
Girasol	Suncokret
Hibisco	Hibiskus
Jazmín	Jasmin
Lavanda	Lavande
Lila	Jorgovan
Lirio	Lili
Magnolia	Magnolije
Margarita	Dejzi
Orquídea	Orhideja
Pasionaria	Passionflover
Peonía	Božur
Pétalo	Latica
Plumeria	Plumerija
Ramo	Buket
Rosa	Ruža
Trébol	Detelina
Tulipán	Lala

Formas
Oblici

Arco	Luk
Bordes	Ivice
Cilindro	Cilindar
Círculo	Krug
Cono	Klip
Cuadrado	Kvadrat
Cubo	Kocka
Curva	Krive
Elipse	Elipse
Esfera	Sferi
Esquina	Ugao
Hipérbola	Hiperbola
Lado	Strana
Línea	Red
Oval	Ovalne
Pirámide	Piramide
Polígono	Poligona
Prisma	Prizme
Rectángulo	Pravougaonik
Triángulo	Trougao

Fruta
Voće

Aguacate	Avokado
Albaricoque	Kajsije
Baya	Berri
Cereza	Višnje
Ciruela	Plam
Coco	Kokos
Frambuesa	Maline
Kiwi	Kivi
Limón	Limun
Mango	Mango
Manzana	Jabuka
Melocotón	Breskve
Melón	Dinja
Naranja	Pomorandža
Nectarina	Nektarina
Papaya	Papaja
Pera	Kruške
Piña	Ananas
Plátano	Banane
Uva	Grožđa

Fuerza y Gravedad
Sila i Gravitacija

Centro	Centar
Descubrimiento	Otkriće
Dinámico	Dinamičan
Distancia	Udaljenost
Eje	Ose
Expansión	Ekspanzija
Física	Fizike
Fricción	Trenja
Impacto	Uticaj
Magnetismo	Magnetizam
Mecánica	Mehanike
Movimiento	Pokretu
Órbita	Orbitu
Peso	Težina
Planetas	Planete
Presión	Pritisak
Propiedades	Svojstva
Tiempo	Vreme
Universal	Univerzalna
Velocidad	Brzina

Geografía
Geografija

Altitud	Visinu
Atlas	Atlas
Ciudad	Grad
Continente	Kontinent
Ecuador	Ekvator
Elevación	Visina
Hemisferio	Hemisfere
Isla	Ostrvo
Mapa	Mapa
Mar	More
Meridiano	Meridijan
Montaña	Planine
Mundo	Svet
Norte	Sever
Oeste	Zapad
País	Zemlju
Región	Regiona
Río	Reke
Sur	Jug
Territorio	Teritorije

Geología
Geologija

Ácido	Kiseline
Calcio	Kalcijum
Capa	Sloj
Caverna	Kaverna
Continente	Kontinent
Coral	Koral
Cristales	Kristala
Cuarzo	Kvarc
Erosión	Erozije
Estalactita	Stalaktit
Estalagmitas	Stalagmita
Fósil	Fosil
Géiser	Gejzir
Lava	Lava
Meseta	Plato
Minerales	Minerala
Piedra	Kamen
Sal	So
Terremoto	Zemljotres
Volcán	Vulkan

Geometría
Geometrija

Altura	Visina
Ángulo	Ugao
Cálculo	Obračun
Curva	Krive
Diámetro	Prečnik
Dimensión	Dimenziju
Ecuación	Jednačina
Horizontal	Horizontalne
Lógica	Logike
Masa	Mase
Mediana	Medijana
Número	Broj
Paralelo	Paralelni
Proporción	Procenat
Segmento	Segment
Simetría	Simetrija
Superficie	Površina
Teoría	Teorije
Triángulo	Trougao
Vertical	Vertikalne

Gobierno
Vlade

Ciudadanía	Državljanstva
Civil	Civilni
Constitución	Ustav
Democracia	Demokratije
Discurso	Govor
Discusión	Diskusije
Distrito	Okrug
Estado	Države
Igualdad	Jednakost
Independencia	Nezavisnost
Judicial	Sudske
Justicia	Pravda
Ley	Zakon
Libertad	Slobode
Líder	Lider
Monumento	Spomenik
Nacional	Nacionalna
Nación	Nacije
Política	Politike
Símbolo	Simbol

Granja #1
Фарма Бр.

Abeja	Pčela
Agricultura	Poljoprivrede
Agua	Voda
Arroz	Pirinač
Burro	Magarac
Caballo	Konj
Cabra	Koza
Campo	Polje
Cuervo	Vrana
Fertilizante	Đubriva
Gato	Mačka
Heno	Seno
Miel	Med
Perro	Pas
Pollo	Pile
Semillas	Seme
Ternero	Tele
Tierra	Zemlja
Vaca	Krava
Valla	Ograde

Granja #2
Фарма # 2

Agricultor	Farmer
Animales	Životinje
Cebada	Ječam
Colmena	Košnica
Comida	Hrana
Cordero	Jagnje
Fruta	Voće
Granero	Ambar
Huerto	Voćnjak
Leche	Mleka
Llama	Lame
Maíz	Kukuruz
Oveja	Ovce
Pastor	Pastir
Pato	Patka
Prado	Livada
Riego	Navodnjavanje
Tractor	Traktor
Trigo	Pšenice
Vegetal	Povrća

Herboristería
Herbalizam

Ajo	Beli Luk
Albahaca	Bosiljak
Aromático	Aromatično
Azafrán	Šafran
Calidad	Kvalitet
Culinario	Kulinarske
Eneldo	Mirođija
Estragón	Estragon
Flor	Cvet
Hinojo	Komorač
Ingrediente	Sastojak
Jardín	Bašta
Lavanda	Lavande
Mejorana	Majoran
Menta	Nane
Perejil	Peršun
Planta	Biljka
Romero	Ruzmarin
Sabor	Ukus
Verde	Zelen

Ingeniería
Инжењерска Уметност

Ángulo	Ugao
Cálculo	Obračun
Construcción	Konstrukcija
Diagrama	Dijagram
Diámetro	Prečnik
Diesel	Dizel
Distribución	Distribucija
Eje	Ose
Energía	Energija
Estabilidad	Stabilnost
Estructura	Struktura
Fricción	Trenja
Fuerza	Snage
Líquido	Tečnog
Máquina	Mašina
Medición	Merenje
Motor	Motor
Palancas	Poluge
Profundidad	Dubina
Propulsión	Pogon

Instrumentos Musicales
Muzički Instrumenti

Armónica	Harmonika
Arpa	Harfe
Banjo	Bendžo
Baquetas	Batak
Clarinete	Klarinet
Fagot	Fagot
Flauta	Flauta
Gong	Gong
Guitarra	Gitara
Mandolina	Mandolina
Oboe	Obou
Pandereta	Tamburaša
Percusión	Udaraljke
Piano	Klavir
Saxofón	Saksofon
Tambor	Bubanj
Trombón	Trombon
Trompeta	Truba
Violín	Violinu
Violonchelo	Violončelo

Jardinería
Baštovanstvo

Agua	Voda
Botánico	Botanički
Clima	Klima
Comestible	Jestivo
Compost	Kompost
Contenedor	Kontejner
Especie	Vrste
Estacional	Sezonski
Exótico	Egzotične
Flor	Cvet
Floral	Cvetni
Follaje	Lišće
Hoja	List
Huerto	Voćnjak
Humedad	Vlage
Manguera	Crevo
Ramo	Buket
Semillas	Seme
Suciedad	Prljavštine
Suelo	Zemlja

Jardín
Гарден

Arbusto	Grm
Árbol	Drvo
Banco	Klupa
Césped	Travnjak
Estanque	Jezeru
Flor	Cvet
Garaje	Garaža
Hamaca	Viseća
Hierba	Trava
Huerto	Voćnjak
Jardín	Bašta
Malezas	Korov
Manguera	Crevo
Pala	Lopata
Porche	Trem
Rastrillo	Grablje
Suelo	Zemlja
Terraza	Terasa
Trampolín	Trampolin
Valla	Ograde

Jazz
Džez

Artista	Umetnik
Álbum	Album
Canción	Pesma
Composición	Sastav
Compositor	Kompozitor
Concierto	Koncert
Estilo	Stil
Énfasis	Naglasak
Famoso	Poznat
Favoritos	Favorita
Género	Žanr
Improvisación	Improvizacije
Música	Muzika
Nuevo	Nova
Orquesta	Orkestar
Ritmo	Ritam
Talento	Talenat
Tambores	Bubnjevi
Técnica	Tehnika
Viejo	Stari

La Empresa
Kompanija

Calidad	Kvalitet
Creativo	Kreativne
Decisión	Odluka
Empleo	Zaposlenje
Global	Globalno
Industria	Industrija
Ingresos	Prihod
Innovador	Inovativne
Inversión	Investicija
Negocio	Posao
Posibilidad	Mogućnost
Presentación	Prezentacija
Producto	Proizvod
Profesional	Profesionalni
Progreso	Napredak
Recursos	Resurse
Reputación	Ugled
Riesgos	Rizici
Tendencias	Trendove
Unidades	Jedinice

Libros
Knjige

Autor	Autor
Aventura	Avantura
Colección	Kolekcija
Contexto	Kontekst
Dualidad	Dvojnost
Escrito	Napisan
Historia	Priča
Histórico	Istorijski
Humorístico	Duhovit
Inventivo	Inventivni
Lector	Čitač
Literario	Književne
Narrador	Narator
Novela	Roman
Página	Strana
Pertinente	Relevantno
Poema	Pesma
Poesía	Poezije
Serie	Serija
Trágico	Tragične

Literatura
Književnost

Analogía	Analogija
Análisis	Analiza
Anécdota	Anegdota
Autor	Autor
Biografía	Biografija
Comparación	Poređenje
Conclusión	Zaključak
Descripción	Opis
Diálogo	Dijalog
Estilo	Stil
Ficción	Fikcija
Metáfora	Metafora
Narrador	Narator
Novela	Roman
Poema	Pesma
Poético	Pesničke
Rima	Rime
Ritmo	Ritam
Tema	Tema
Tragedia	Tragedije

Los Medios de Comunicación
Mediji

Actitudes	Stavova
Comercial	Komercijalni
Comunicación	Komunikacija
Digital	Digitalni
Edición	Izdanje
Educación	Obrazovanje
En Línea	Online
Financiación	Finansiranje
Fotos	Fotografije
Hechos	Činjenice
Industria	Industrija
Intelectual	Intelektualne
Local	Lokalni
Opinión	Mišljenje
Periódicos	Novine
Público	Javni
Radio	Radio
Red	Mreža
Revistas	Časopisima
Televisión	Televizija

Mamíferos
Sisari

Ballena	Kit
Burro	Magarac
Caballo	Konj
Camello	Kamile
Canguro	Kengur
Cebra	Zebra
Conejo	Zec
Coyote	Kojota
Delfín	Delfin
Elefante	Slon
Gato	Mačka
Gorila	Gorila
Jirafa	Žirafa
Lobo	Vuk
Mono	Majmun
Oso	Medved
Oveja	Ovce
Perro	Pas
Toro	Bik
Zorro	Lisica

Matemáticas
Matematike

Aritmética	Aritmetika
Ángulos	Uglova
Circunferencia	Obim
Decimal	Decimalne
Diámetro	Prečnik
Ecuación	Jednačina
Esfera	Sferi
Exponente	Eksponent
Fracción	Frakcija
Geometría	Geometrije
Paralelo	Paralelni
Paralelogramo	Paralelogram
Perímetro	Perimetar
Perpendicular	Upravno
Polígono	Poligona
Radio	Radijus
Rectángulo	Pravougaonik
Simetría	Simetrija
Triángulo	Trougao
Volumen	Volumen

Mediciones
Меасурементс

Altura	Visina
Ancho	Širina
Byte	Bajt
Centímetro	Centimetar
Decimal	Decimalne
Grado	Stepen
Gramo	Gram
Kilogramo	Kilogram
Kilómetro	Kilometar
Litro	Litar
Longitud	Dužina
Masa	Mase
Metro	Metar
Minuto	Minut
Onza	Unca
Peso	Težina
Profundidad	Dubina
Pulgada	Inča
Tonelada	Tona
Volumen	Volumen

Meditación
Meditacija

Aceptación	Prihvatanje
Atención	Pažnja
Bondad	Ljubaznost
Calma	Mirno
Claridad	Jasnoće
Compasión	Saosećanje
Emociones	Emocija
Gratitud	Zahvalnost
Mental	Mentalne
Mente	Um
Movimiento	Pokret
Música	Muzika
Naturaleza	Priroda
Observación	Posmatranje
Paz	Mir
Pensamientos	Misli
Perspectiva	Perspektive
Postura	Stav
Respiración	Disanje
Silencio	Tišina

Mitología
Mitologija

Arquetipo	Arhetip
Celos	Ljubomore
Cielo	Nebesa
Comportamiento	Ponašanje
Creación	Stvaranje
Creencias	Uverenja
Criatura	Stvorenje
Cultura	Kultura
Desastre	Katastrofe
Fuerza	Snage
Guerrero	Ratnik
Héroe	Heroj
Inmortalidad	Besmrtnost
Laberinto	Lavirint
Leyenda	Legenda
Monstruo	Čudovište
Mortal	Smrtni
Rayo	Munje
Trueno	Grmljavina
Venganza	Osveta

Moda
Moda

Bordado	Vez
Botones	Dugmad
Boutique	Butik
Caro	Skupo
Elegante	Elegantan
Encaje	Čipke
Estilo	Stil
Mediciones	Mere
Minimalista	Minimalista
Moderno	Moderan
Modesto	Skroman
Original	Originalne
Patrón	Obrazac
Práctico	Praktične
Ropa	Odeću
Sencillo	Jednostavan
Sofisticado	Sofisticiran
Tejido	Tkanina
Tendencia	Trend
Textura	Teksture

Música
Muzika

Armonía	Harmonije
Armónico	Harmonika
Álbum	Album
Balada	Balada
Cantante	Pevačica
Cantar	Pevam
Clásico	Klasične
Coro	Hor
Grabación	Snimanje
Improvisar	Improvizujem
Instrumento	Instrument
Melodía	Melodi
Micrófono	Mikrofon
Musical	Muzičke
Músico	Muzičar
Ópera	Opere
Poético	Pesničke
Ritmo	Ritam
Tempo	Tempo
Vocal	Vokal

Naturaleza
Priroda

Abejas	Pčele
Animales	Životinje
Ártico	Arktik
Belleza	Lepota
Bosque	Šuma
Desierto	Pustinji
Dinámico	Dinamičan
Erosión	Erozije
Follaje	Lišće
Glaciar	Glečer
Niebla	Magla
Nubes	Oblaci
Pacífico	Mirno
Refugio	Sklonište
Río	Reke
Salvaje	Divlja
Santuario	Svetilište
Sereno	Spokojan
Tropical	Tropske
Vital	Vitalni

Negocio
Biznis

Carrera	Karijera
Costo	Troška
Descuento	Popust
Dinero	Novac
Economía	Ekonomije
Empleado	Zaposlenog
Empleador	Poslodavca
Empresa	Kompanija
Fábrica	Fabrike
Finanzas	Finansija
Impuestos	Porez
Inversión	Investicija
Mercancía	Robe
Moneda	Valute
Oficina	Kancelarije
Presupuesto	Budžet
Tienda	Radnju
Trabajo	Posao
Transacción	Transakcije
Venta	Prodaja

Nutrición
Ishrana

Amargo	Gorka
Apetito	Apetit
Calidad	Kvalitet
Calorías	Kalorija
Cereales	Žitarice
Comestible	Jestivo
Dieta	Dijeta
Digestión	Varenje
Equilibrado	Uravnotežen
Fermentación	Fermentacije
Hábitos	Navike
Líquidos	Tečnosti
Peso	Težina
Proteínas	Proteina
Sabor	Ukus
Salsa	Sos
Salud	Zdravlje
Saludable	Zdrav
Toxina	Otrov
Vitamina	Vitamin

Números
Brojevi

Catorce	Četrnaest
Cero	Nula
Cinco	Pet
Cuatro	Četiri
Decimal	Decimalne
Diecinueve	Devetnaest
Dieciocho	Osamnaest
Dieciséis	Šesnaest
Diecisiete	Sedamnaest
Diez	Deset
Doce	Dvanaest
Dos	Dva
Nueve	Devet
Ocho	Osam
Quince	Petnaest
Seis	Šest
Siete	Sedam
Trece	Trinaest
Tres	Tri
Veinte	Dvadeset

Océano
Okeana

Alga	Alge
Anguila	Jegulja
Arrecife	Greben
Atún	Tuna
Ballena	Kit
Barco	Čamac
Camarón	Škampi
Cangrejo	Kraba
Coral	Koral
Delfín	Delfin
Esponja	Sunđer
Mareas	Plime
Medusa	Meduza
Ostra	Ostriga
Pescado	Ribe
Pulpo	Hobotnice
Sal	So
Tiburón	Ajkula
Tormenta	Oluja
Tortuga	Kornjača

Paisajes
Pejzaži

Cascada	Vodopad
Cueva	Pećine
Desierto	Pustinji
Estuario	Ušća
Géiser	Gejzir
Glaciar	Glečer
Iceberg	Ledenog Brega
Isla	Ostrvo
Lago	Jezero
Laguna	Lagune
Mar	More
Montaña	Planine
Oasis	Oaze
Pantano	Močvara
Península	Poluostrvo
Playa	Plaža
Río	Reke
Tundra	Tundre
Valle	Dolini
Volcán	Vulkan

Países #1
Zemlje #1

Alemania	Nemačka
Argentina	Argentina
Bélgica	Belgiji
Brasil	Brazil
Canadá	Kanada
Ecuador	Ekvador
Egipto	Egipat
España	Španija
Filipinas	Filipini
Honduras	Honduras
India	Indija
Italia	Italija
Libia	Libija
Malí	Mali
Marruecos	Maroko
Nicaragua	Nikaragva
Noruega	Norveška
Panamá	Panama
Polonia	Poljska
Venezuela	Venecuela

Países #2
Zemlje #2

Albania	Albanija
Australia	Australija
Austria	Austrija
Dinamarca	Danska
Etiopía	Etiopije
Francia	Francuske
Grecia	Grčke
Indonesia	Indonezija
Irlanda	Irska
Jamaica	Jamajka
Japón	Japan
Laos	Laos
México	Meksiko
Pakistán	Pakistan
Portugal	Portugal
Rusia	Rusija
Siria	Sirije
Sudán	Sudan
Ucrania	Ukrajina
Uganda	Ugandi

Pájaros
Ptice

Avestruz	Noja
Águila	Orao
Cigüeña	Roda
Cisne	Labud
Cuco	Kukavica
Cuervo	Vrana
Flamenco	Flamingo
Ganso	Guska
Garza	Heron
Gaviota	Galeb
Gorrión	Vrapca
Halcón	Soko
Huevo	Jaje
Loro	Papagaj
Paloma	Golub
Pato	Patka
Pelícano	Pelikan
Pingüino	Pingvin
Pollo	Pile
Tucán	Tukan

Plantas
Biljke

Arbusto	Grm
Árbol	Drvo
Bambú	Bambus
Baya	Berri
Bosque	Šuma
Botánica	Botanike
Cactus	Kaktus
Fertilizante	Đubriva
Flor	Cvet
Flora	Flore
Follaje	Lišće
Frijol	Pasulj
Hiedra	Bršljan
Hierba	Trava
Hoja	List
Jardín	Bašta
Musgo	Mahovina
Pétalo	Latica
Raíz	Koren
Vegetación	Vegetacije

Profesiones #1
Професије Бр.

Abogado	Advokat
Astrónomo	Astronom
Atleta	Sportista
Bailarín	Plesačica
Banquero	Bankar
Bombero	Vatrogasac
Cartógrafo	Kartograf
Cazador	Lovac
Científico	Naučnik
Doctor	Lekar
Editor	Urednik
Embajador	Ambasador
Enfermera	Sestra
Entrenador	Trener
Geólogo	Geolog
Joyero	Zlatar
Músico	Muzičar
Pianista	Pijanista
Psicólogo	Psiholog
Veterinario	Veterinar

Profesiones #2
Профеcиje Бр.

Astronauta	Astronauta
Bibliotecario	Bibliotekar
Biólogo	Biolog
Cirujano	Hirurg
Dentista	Zubar
Detective	Detektiv
Filósofo	Filozof
Fotógrafo	Fotograf
Ilustrador	Ilustrator
Ingeniero	Inženjer
Inventor	Pronalazač
Investigador	Istraživač
Jardinero	Baštovan
Lingüista	Lingvista
Médico	Lekar
Periodista	Novinar
Piloto	Pilot
Pintor	Slikar
Profesor	Učitelj
Zoólogo	Zoolog

Psicología
Psihologija

Cita	Sastanak
Clínico	Kliničke
Cognición	Spoznaje
Comportamiento	Ponašanje
Conflicto	Sukoba
Ego	Ego
Emociones	Emocija
Evaluación	Procena
Ideas	Ideje
Inconsciente	Nesvesno
Infancia	Detinjstva
Pensamientos	Misli
Percepción	Percepcije
Personalidad	Ličnosti
Problema	Problem
Realidad	Realnost
Sensación	Senzacija
Subconsciente	Podsvest
Sueños	Snove
Terapia	Terapija

Química
Hemija

Alcalino	Alkalne
Ácido	Kiseline
Calor	Toplote
Carbono	Ugljenik
Catalizador	Katalizator
Cloro	Hlor
Electrón	Elektron
Enzima	Enzim
Gas	Gas
Hidrógeno	Vodonik
Ion	Jon
Líquido	Tečnog
Metales	Metala
Molécula	Molekul
Nuclear	Nuklearne
Oxígeno	Kiseonik
Peso	Težina
Reacción	Reakcija
Sal	So
Temperatura	Temperatura

Restaurante #2
Ресторан № 2

Agua	Voda
Almuerzo	Ručak
Bebida	Napitak
Camarero	Kelner
Cena	Večera
Cuchara	Kašika
Delicioso	Ukusno
Ensalada	Salata
Especias	Začini
Fideos	Rezanci
Fruta	Voće
Hielo	Led
Huevos	Jaja
Pastel	Torta
Pescado	Ribe
Sal	So
Silla	Stolica
Sopa	Supa
Tenedor	Viljuška
Verduras	Povrće

Ropa
Odeća

Abrigo	Kaput
Blusa	Bluza
Bufanda	Šal
Camisa	Košulja
Chaqueta	Jaknu
Cinturón	Pojas
Collar	Ogrlica
Delantal	Kecelja
Falda	Suknja
Guantes	Rukavice
Joyas	Nakit
Moda	Moda
Pantalones	Pantalone
Pijama	Pidžame
Pulsera	Narukvica
Sandalias	Sandale
Sombrero	Šešir
Suéter	Džemper
Vestido	Haljina
Zapato	Cipela

Salud y Bienestar #1
Zdravlje i Vellness #1

Activo	Aktivan
Altura	Visina
Bacterias	Bakterija
Clínica	Klinici
Doctor	Lekar
Farmacia	Apoteke
Fractura	Prelom
Hambre	Glad
Hábito	Navika
Hormonas	Hormona
Huesos	Kosti
Medicina	Lek
Músculos	Mišića
Piel	Koža
Postura	Stav
Reflejo	Refleks
Relajación	Relaksacija
Terapia	Terapija
Tratamiento	Tretman
Virus	Virus

Salud y Bienestar #2
Zdravlje i Vellness #2

Alergia	Alergije
Anatomía	Anatomije
Apetito	Apetit
Caloría	Kalorija
Dieta	Dijeta
Digestión	Varenje
Energía	Energija
Enfermedad	Bolest
Estrés	Stres
Genética	Genetike
Higiene	Higijene
Hospital	Bolnica
Infección	Infekcije
Masaje	Masaža
Nutrición	Ishrane
Peso	Težina
Recuperación	Oporavak
Saludable	Zdrav
Sangre	Krv
Vitamina	Vitamin

Selva Tropical
Rainforest

Anfibios	Vodozemci
Botánico	Botanički
Clima	Klima
Comunidad	Zajednica
Diversidad	Raznolikost
Especie	Vrste
Indígena	Autohtonih
Insectos	Insekti
Mamíferos	Sisara
Musgo	Mahovina
Naturaleza	Priroda
Nubes	Oblaci
Pájaros	Ptice
Preservación	Očuvanje
Refugio	Utočište
Respeto	Poštovati
Restauración	Restauracija
Selva	Džungli
Supervivencia	Opstanak
Valioso	Vredne

Senderismo
Planinarenje

Acantilado	Klif
Agua	Voda
Animales	Životinje
Botas	Čizme
Camping	Kampovanje
Cansado	Umoran
Clima	Klima
Cumbre	Samit
Guías	Vodiči
Mapa	Mapa
Montaña	Planine
Mosquitos	Komarci
Naturaleza	Priroda
Orientación	Položaj
Parques	Parkova
Pesado	Teška
Piedras	Kamenje
Preparación	Priprema
Salvaje	Divlja
Sol	Sunce

Suministros de Arte
Umetnički Pribor

Aceite	Ulje
Acrílico	Akril
Acuarelas	Akvareli
Agua	Voda
Arcilla	Klej
Borrador	Gumica
Caballete	Stalak
Carbón	Ugalj
Cámara	Kamera
Cepillos	Četke
Colores	Boje
Creatividad	Kreativnost
Ideas	Ideje
Lápices	Olovke
Mesa	Sto
Papel	Papir
Pasteles	Pastela
Pegamento	Lepak
Silla	Stolica
Tinta	Mastilo

Tiempo
Vreme

Ahora	Sada
Antes	Pre
Anual	Godišnje
Año	Godina
Ayer	Juče
Calendario	Kalendar
Década	Decenije
Día	Dan
Futuro	Budućnost
Hora	Sat
Hoy	Danas
Mañana	Jutro
Mediodía	Podne
Mes	Meseca
Minuto	Minut
Momento	Trenutak
Noche	Noć
Semana	Nedelja
Siglo	Vek
Temprano	Rano

Tipos de Cabello
Tipovi Kose

Blanco	Beo
Brillante	Sjajna
Calvo	Ćelav
Corto	Kratak
Delgada	Tanak
Gris	Siva
Grueso	Debeo
Largo	Dugo
Marrón	Braon
Negro	Crna
Ondulado	Talasasta
Plata	Srebro
Rizado	Kovrdžava
Rizos	Lokne
Rubio	Plava
Saludable	Zdrav
Seco	Suva
Suave	Meka
Trenzado	Pleteni
Trenzas	Pletenice

Universo
Univerzum

Asteroide	Asteroid
Astronomía	Astronomije
Astrónomo	Astronom
Atmósfera	Atmosfera
Celestial	Nebesko
Cielo	Nebo
Cósmico	Kosmičke
Ecuador	Ekvator
Eón	Eon
Galaxia	Galaksija
Hemisferio	Hemisfere
Horizonte	Horizont
Luna	Mesec
Oscuridad	Tama
Órbita	Orbitu
Solar	Solarne
Solsticio	Solsticija
Telescopio	Teleskop
Visible	Vidljive
Zodíaco	Zodijaka

Vacaciones #2
Одмор # 2

Aeropuerto	Aerodrom
Carpa	Šator
Destino	Odredište
Extranjero	Strani
Fotos	Fotografije
Hotel	Hotel
Isla	Ostrvo
Mapa	Mapa
Mar	More
Ocio	Slobodno
Pasaporte	Pasoš
Playa	Plaža
Reservas	Rezervacije
Restaurante	Restoran
Taxi	Taksi
Transporte	Prevoz
Tren	Voz
Vacaciones	Odmor
Viaje	Putovanje
Visa	Viza

Vehículos
Vozila

Ambulancia	Hitnu
Autobús	Autobus
Avión	Avion
Balsa	Splav
Barco	Čamac
Bicicleta	Bicikl
Camión	Kamion
Caravana	Karavan
Coche	Kola
Cohete	Raketa
Ferry	Trajekt
Helicóptero	Helikopter
Lanzadera	Šatl
Metro	Metro
Motor	Motor
Neumáticos	Gume
Submarino	Podmornice
Taxi	Taksi
Tractor	Traktor
Tren	Voz

Verduras
Povrće

Ajo	Beli Luk
Alcachofa	Artičoke
Apio	Celer
Berenjena	Patlidžan
Brócoli	Brokoli
Calabaza	Bundeve
Cebolla	Luk
Ensalada	Salata
Espinacas	Spanać
Guisante	Graška
Jengibre	Đumbir
Nabo	Repa
Oliva	Maslina
Patata	Krompir
Pepino	Krastavac
Perejil	Peršun
Rábano	Rotkvica
Seta	Gljiva
Tomate	Paradajz
Zanahoria	Šargarepa

Enhorabuena

Lo has conseguido!

Esperamos que hayas disfrutado de este libro tanto como nosotros al diseñarlo. Nos esforzamos por crear libros de la máxima calidad posible.
Esta edición está diseñada para proporcionar un aprendizaje inteligente, de calidad y divertido!

¿Te ha gustado este libro?

Una Petición Sencilla

Estos libros existen gracias a las reseñas que se publican.
¿Podrías ayudarnos dejando una reseña ahora?
Aquí tienes un breve enlace a la página de reseñas

BestBooksActivity.com/Opiniones50

¡DESAFÍO FINAL!

Reto n°1

¿Estás listo para tu juego gratis? Los utilizamos siempre, pero no son tan fáciles de encontrar. ¡Aquí están los **Sinónimos!**

Escribe 5 palabras que hayas encontrado en los rompecabezas (#21, #36, #76) y trata de encontrar 2 sinónimos para cada palabra.

Escriba 5 palabras del *Puzzle 21*

Palabras	Sinónimo 1	Sinónimo 2

Escriba 5 palabras del *Puzzle 36*

Palabras	Sinónimo 1	Sinónimo 2

Escriba 5 palabras del *Puzzle 76*

Palabras	Sinónimo 1	Sinónimo 2

Reto n°2

Ahora que te has calentado, escribe 5 palabras que hayas encontrado en los Puzzles 9, 17 y 25 e intenta encontrar 2 antónimos para cada palabra. ¿Cuántos puedes encontrar en 20 minutos?

Escriba 5 palabras del **Puzzle 9**

Palabras	Antónimo 1	Antónimo 2

Escriba 5 palabras del **Puzzle 17**

Palabras	Antónimo 1	Antónimo 2

Escriba 5 palabras del **Puzzle 25**

Palabras	Antónimo 1	Antónimo 2

Reto n°3

¡Genial! Este desafío final no es nada para ti.

¿Preparado para el reto final? Elige 10 palabras que hayas descubierto en los diferentes rompecabezas y escríbelas a continuación.

1.	6.
2.	7.
3.	8.
4.	9.
5.	10.

Ahora escribe un texto pensando en una persona, un animal o un lugar que te guste.

Puedes usar la última página de este libro como borrador.

Tu Composición:

_____

_____

_____

_____

_____

_____

_____

_____

CUADERNO DE NOTAS :

HASTA PRONTO !

Todo el Equipo

DESCUBRA JUEGOS GRATIS

GO

BESTACTIVITYBOOKS.COM/FREEGAMES